初めてでも分かる・使える

合併の実務ハンドブック

税理士法人山田&パートナーズ［編著］

第3版

MERGER

中央経済社

第３版刊行にあたって

本書（『合併の実務ハンドブック』）とその姉妹書にあたる『会社分割の実務ハンドブック』・『株式交換・株式移転の実務ハンドブック』を平成25年に出版し，平成29年に改訂しました。それぞれの組織再編ごとに法務，会計，税務の実務ポイントを初めての方にもわかりやすく伝えることを心がけて執筆しました。

その後も，外部企業を買収するM&Aがより一般的に行われるようになり，また企業内の事業再構築の観点や，事業承継の一環で組織再編の手法が今まで以上に検討・実行されています。組織再編に関する理解が，企業経営，企業実務を行うにあたって，より求められていると感じます。

一方その間にも組織再編に関する法律制度，会計基準，税制についてはいくつかの改正が行われており，直近では会社法の改正により「株式交付」制度が令和３年３月１日より新たに施行されました。合併については三角合併の適格判定における対価要件が緩和され，間接保有の完全親法人株式を合併対価とした場合にも適格要件を満たすことになりました。このように，企業の経営戦略の選択肢はますます多岐にわたり，複数の組織再編の比較検討を行う場面も増加しております。このような状況の中，この第３版においては合併に関する昨今の制度改正のほか，グループ内での合併における取扱いや実務上の留意点を中心に加筆修正を行っています。

合併の実務に携わる方々にとって，本書が少しでもお役に立てることを心より願っております。末筆ながら，本書の第３版にあたり，きめ細かい配慮とご尽力をいただきました中央経済社の秋山宗一様に，この場を借りて心より御礼申し上げます。

令和３年７月

税理士法人　山田&パートナーズ
執筆者一同

はじめに

企業の経営において，合併，分割，株式交換といった組織再編の手法が身近な存在となってきているように感じます。多くの企業が抱える様々な経営課題について，その解消のための手段として組織再編の活用の場面が増えているからだと思います。会社法や税法の改正によって組織再編に関する法整備がされたことにより，活用がしやすくなっていることもその要因として挙げられます。例えば，以下のような場面においては組織再編の手法を活用できるケースがあります。

- 経営の効率化を図るため，企業グループ内において事業を統廃合する
- 経営の多角化を目的として新事業を買収する（M&A）
- オーナー企業における事業承継に当たって新オーナーに事業を移転する

これらの経営課題は大企業のみが直面しているものではなく，中堅中小企業においても同様です。特に事業承継については数えきれないほどの企業が悩みを抱えているのではないでしょうか。

このような状況を背景に，組織再編という手法が企業の経営に携わる方々の中に広く認知されるようになったのだと思います。しかし，一般的になったからといって誰もが簡単に行える手続きというわけではありません。実行するに当たっては，様々な点に留意が必要です。例えば，合併を行ったとしましょう。会社には，株主や債権者，そこで働く従業員など多くの関係者が存在します。合併によって他の会社に吸収されることとなれば，それぞれの関係者に大きな影響が生じ，何かしらの不利益を被ることも想定されます。そこで，会社法その他の法律においては，これらの関係者を保護するための取扱いが設けられています。また，合併を行えばそれぞれの会社の財務諸表が合算されることになります。したがって，合併後に存続する合併法人においては，資産や負債をどのように受け入れるかという会計的な問題も生じます。合併に伴う課税関係も重要な課題です。税法上，合併に伴う資産・負債の移転は原則として譲渡と考

えますので，譲渡益課税などの税負担についても事前に検討しなければなりません。

このように，組織再編を行えば多方面において気を配らなければならず，手続きに慣れた専門家でなければ思わぬトラブルが生じかねません。しかしながら，すべてを専門家に任せてしまうことは必ずしも良いこととは言えません。組織再編を行うに当たって最終的な意思決定を行うのは，依頼先の専門家ではなく当事者である会社です。組織再編の実行は時間的な制約を伴うケースも多く，これに機動的に対応するためには組織再編に携わる当事会社の経営陣や各担当者も全体像を把握しておくことが望ましいからです。また，グループ内の再編など関係当事者が少なくシンプルなケースであれば専門家に頼らずとも実行できるケースもあり，この場合，実行に当たっての最低限の知識を備えておく必要があります。

本書は，タイトルにあるとおり組織再編の１つである合併について，法務手続き，会計処理，税務上の取扱いという，組織再編の実行に当たって必要な各分野の情報をまとめています。また，実務において使用できることを狙いとして作成しましたので，初めての方でも業務イメージを持っていただけるよう，具体的な手続きの流れや必要書類の記載方法等について，実務上の留意点を示しながら解説をしています。

本書を合併を行う際の手続きマニュアルとしてご活用いただき，実務に携わる皆様方のお役に立てることを心より願っております。

最後になりましたが，本書の作成にあたり大変ご尽力をいただきました中央経済社の津原氏に，この場を借りて心よりお礼申し上げます。

平成25年７月

税理士法人　山田＆パートナーズ

執筆者一同

目　次

第1章 合併の法務

Q1-1 合併とは／2
Q1-2 吸収合併と新設合併／3
Q1-3 制限を受ける会社形態／5
Q1-4 手続きとスケジュール／6
Q1-5 合併契約／8
Q1-6 取締役会決議／10
Q1-7 事前開示書面／12
Q1-8 株主総会決議／13
column 合併消滅会社の決算確定日はいつ!?・15
column 被合併法人の役員に対する退職慰労金の支給手続き・16
Q1-9 労働者保護手続き／17
Q1-10 債権者保護手続き／18
column 異議申出期間中（又は異議申出期間終了後）に債権を取得した債権者・19
Q1-11 株式買取請求制度／22
column 株主の手続き・24
Q1-12 新株予約権の買取請求制度／26
Q1-13 公正取引委員会への届出／29
Q1-14 金融商品取引法上の届出／30
Q1-15 事後開示書面／32
Q1-16 簡易合併，略式合併／33
Q1-17 登記手続き／36
Q1-18 債務超過会社の吸収合併／41

Q1-19 外国の会社との合併／42
Q1-20 銀行口座の引継ぎ／43
Q1-21 取引先との既存契約／44
Q1-22 許認可事業／45
Q1-23 不動産移転に係る税金／46

第2章 合併の会計

Q2-1 企業結合に関する会計基準の概要／48
Q2-2 取得の会計処理，パーチェス法／50
Q2-3 取得企業決定の手順／52
Q2-4 取得原価の算定方法／56
Q2-5 段階取得が行われた場合の取得原価と会計処理／59
Q2-6 取得原価の配分，手順／64
Q2-7 のれん，負ののれんの会計処理／68
Q2-8 取得企業の資本項目／70
Q2-9 三角合併の会計処理／73
Q2-10 逆取得の合併の会計処理／76
Q2-11 取得企業の税効果会計／83
Q2-12 共通支配下の取引等の会計処理／86
Q2-13 親会社が子会社を合併する場合の会計処理
（親会社が連結財務諸表を作成していない場合）／89
Q2-14 親会社が子会社を合併する場合の会計処理
（親会社が連結財務諸表を作成している場合）／92
Q2-15 子会社が孫会社を合併する場合の会計処理／96
Q2-16 子会社が親会社を合併（逆さ合併）する場合の会計処理／99
Q2-17 同一の株主に支配されている子会社同士が合併する場合の会計処理
（合併対価が株式のみの場合）／101
Q2-18 同一の株主に支配されている子会社同士が合併する場合の会計処理
（抱合せ株式がある場合，株式以外の合併対価がある場合）／105

Q2-19 債務超過子会社を合併する場合の会計処理／108
Q2-20 共通支配下の取引等における資本項目／113
Q2-21 共通支配下の取引等における税効果会計／117
Q2-22 共同支配企業の形成の会計処理／119
Q2-23 消滅会社の株主の会計処理／122

第3章　合併の税務

Q3-1　税制の全体像／128
Q3-2　完全支配関係がある法人間の合併／131
Q3-3　支配関係がある法人間の合併／134
Q3-4　共同事業要件を満たす法人間の合併／137
Q3-5　金銭等不交付要件／142
Q3-6　三角合併／144
Q3-7　無対価合併／148
Q3-8　合併法人の税務処理（適格合併）／151
Q3-9　抱合せ株式がある場合の取扱い（適格合併）／156
column　資本金等の額がマイナスとなるケース？・160
Q3-10 被合併法人が合併法人の株式を保有している場合／161
Q3-11 被合併法人の税務処理（適格合併）／162
Q3-12 被合併法人の株主の税務処理（適格合併）／164
Q3-13 合併法人の税務処理（非適格合併）／167
Q3-14 資産調整勘定（のれん）等の処理／169
Q3-15 抱合せ株式がある場合の取扱い（非適格合併）／174
Q3-16 被合併法人の税務処理（非適格合併）／180
Q3-17 被合併法人の株主の税務処理（非適格合併）／183
Q3-18 繰越欠損金の引継ぎ／187
Q3-19 繰越欠損金の引継ぎの制限／190
Q3-20 繰越欠損金の引継ぎの制限（特例計算）／193

Q3-21 合併法人の繰越欠損金の使用制限／196

Q3-22 みなし共同事業要件／200

Q3-23 繰越欠損金の引継ぎ（申告書の記載例）／203

Q3-24 特定資産に係る譲渡等損失額の損金不算入／214

Q3-25 特定資産に係る譲渡等損失額の損金不算入が適用されない場合／218

Q3-26 特定資産に係る譲渡等損失額の損金不算入の特例計算／220

Q3-27 受取配当等の益金不算入，所得税額控除及び減価償却資産の取扱い／222

Q3-28 合併後の中間申告の取扱い／225

Q3-29 税務上の届出／229

凡　例

会社法整備法………………会社法の施行に伴う関係法律の整備等に関する法律

独禁法………………………私的独占の禁止及び公正取引の確保に関する法律

開示府令……………………企業内容等の開示に関する内閣府令

連結会計基準………………連結財務諸表に関する会計基準

企業結合会計基準…………企業結合に関する会計基準

事業分離等会計基準………事業分離等に関する会計基準

適用指針……………………企業結合会計基準及び事業分離等会計基準に関する適用指針

法人税施行令………………法人税法施行令

法人税施行規則……………法人税法施行規則

措置法………………………租税特別措置法

耐令…………………………減価償却資産の耐用年数等に関する省令

第1章

合併の法務

Q1-1 合併とは

合併の意義を教えてください。

（ポイント）

合併とは，２以上の会社が１つの会社となり，消滅する会社の権利義務の全部を，他の会社に承継させる行為をいう。

合併とは，消滅する会社の権利義務の全部を他の会社に承継させる行為をいいます（会社法２二十七，二十八）。

この権利義務の承継は，消滅する会社のすべての権利義務を承継するため，権利義務の一部だけを承継するということはできません。

合併により消滅する会社は，解散することになります。

Q1-2　吸収合併と新設合併

合併の形態（吸収合併と新設合併の違い）を教えてください。

ポイント

合併には，合併する会社のうち１社が合併後においても存続し，消滅した会社の権利義務を承継させる「吸収合併」と，合併する会社がすべて消滅し，新たに設立した会社に権利義務を承継させる「新設合併」とがある。

A　合併には，合併会社のうち合併後も存続する１社に権利義務を承継させる「吸収合併」と，合併により新たに設立する新会社に権利義務を承継させる「新設合併」があります（会社法２二十七，二十八）。

１．吸収合併

吸収合併をするときは，消滅会社（合併により消滅する会社）と存続会社（合併により承継する会社）は，合併契約を締結します（会社法748）。消滅会社のすべての権利義務は，合併契約において定める合併の効力発生日に，すべて存続会社に移転することになります（会社法750①）。

消滅会社の株主は，消滅会社の権利義務を移転する対価として，存続会社から存続会社の株式や金銭，その他の財産の交付を受けることができます。合併の対価がある場合，その内容を合併契約において定める必要があります（会社法749①二）。

【消滅会社となるＡ社が，存続会社となるＢ社と合併する場合】

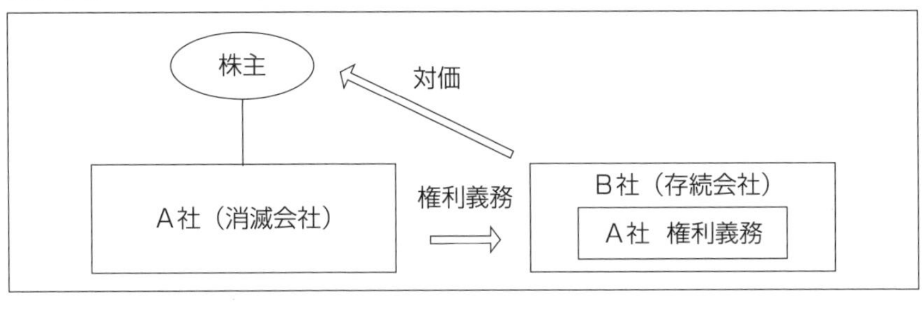

２．新設合併

新設合併をするときは，消滅する２以上の会社は合併契約を締結します（会社法748）。

新設合併により設立される会社（新設会社）は，新設会社の「成立の日」に，消滅会社の権利義務を承継します（会社法754①）。

この「成立の日」は，新設会社の設立登記をした日となります。なお，新設合併は，新たに会社を設立するので，会社の住所や商号，設立時の取締役等を定める必要があり，吸収合併の合併契約に比べて検討する事項が多くなります（会社法753）。

【Ａ社とＢ社が消滅会社となり，新設合併によりＣ社を設立する場合】

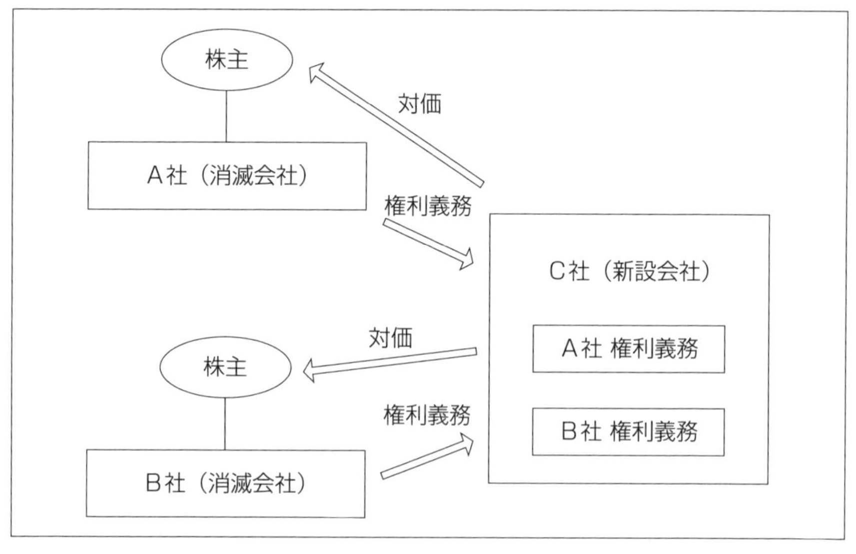

Q1-3 制限を受ける会社形態

合併を行うにあたり，制限を受ける会社形態があると聞きました。その内容を教えてください。

ポイント

- 消滅会社の制限→制限なし。
- 存続会社の制限→特例有限会社は存続会社になれない。

A

1．消滅会社の制限

会社法上，会社形態として株式会社，合同会社，合名会社，合資会社の４種類があります。合併はどの法人形態であっても，消滅会社になることができます（特例有限会社を含む）。

2．存続会社の制限

株式会社，合同会社，合名会社，合資会社のいずれも存続会社になることができます。

ただし，特例有限会社は消滅会社にはなれるものの，存続会社にはなることができません（会社法整備法37）。そのため，特例有限会社を存続会社にしたい場合には，合併の前に特例有限会社を株式会社等に組織変更する必要があります。なお，特例有限会社とは，会社法施行前に有限会社法に基づき設立された会社（旧有限会社）のことをいい，会社法施行後も商号はそのまま有限会社という名称を使用しますが，株式会社の法規が適用されます。

【まとめ】

	株式会社	合同会社	合名会社	合資会社	特例有限会社
消滅会社	○	○	○	○	○
存続会社	○	○	○	○	×

（注）更生手続中の会社については更生計画によらなければ合併できない（会社更生法45①）。

Q1-4 手続きとスケジュール

合併の具体的な手続きとそのスケジュールを教えてください。

合併は，契約締結から登記・名義変更まで，多くの手続きが必要となる。また，債権者保護のための公告等が必要となるため，スケジュールには注意しなければならない。

A

1．手続き

合併の手続きの概略は，次のとおりです。

イ　合併契約の締結
ロ　取締役会の承認決議
ハ　事前開示書類の備置き
ニ　株主総会による承認決議
ホ　債権者保護手続き
ヘ　株主の株式買取請求
ト　新株予約権者の新株予約権買取請求
チ　公正取引委員会への届出
リ　金融商品取引法上の届出
ヌ　登録株式質権者・登録新株予約権質権者への公告・通知
ル　事後開示書類の備置き
ヲ　登記，名義変更等

上記手続きは，並行して進めることもできます。

2．スケジュール

①　吸収合併

吸収合併のスケジュールは，次のとおりです。

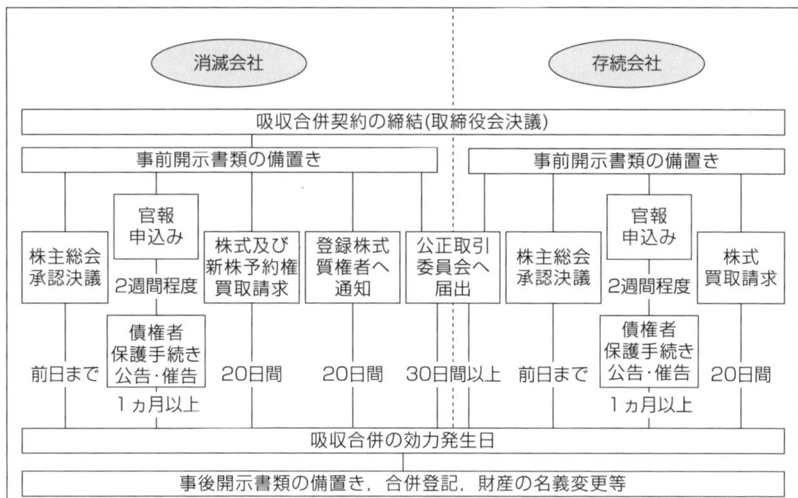

②　新設合併

新設合併のスケジュールは，次のとおりです。

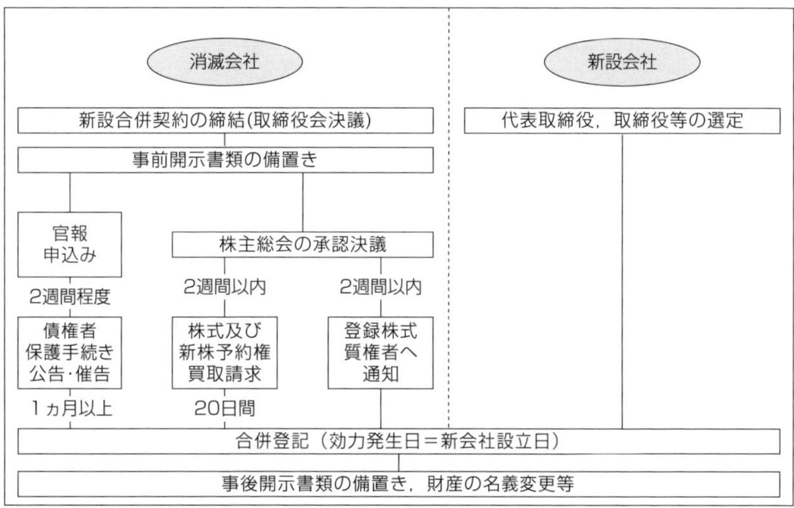

Q1-5 合併契約

吸収合併契約と新設合併契約について教えてください。

ポイント

● 吸収合併契約

吸収合併を行う場合には，存続会社と消滅会社は吸収合併契約を締結する必要がある（会社法748）。

この吸収合併契約には，存続会社及び消滅会社の商号及び住所，存続会社が消滅会社の株主に交付する合併対価の種類等の法定記載事項を記載する必要がある（会社法749）。

● 新設合併契約

新設合併を行う場合には，消滅する２以上の会社は新設合併契約を締結する必要がある（会社法748）。

なお，合併により新会社を設立するため，消滅会社の商号及び住所のほか，新設会社の定款記載事項等も記載する必要がある（会社法753）。

１．吸収合併契約

吸収合併を行う場合，存続会社と消滅会社は吸収合併契約を締結する必要があります。

吸収合併契約には必ず定めなければならない事項があり，その事項が定められていなければ吸収合併の無効原因となりますので，注意が必要です。

吸収合併契約に必ず定めなければならない事項は下記のとおりです（会社法749）。

- 存続会社及び消滅会社の商号及び住所
- 存続会社が消滅会社の株主に対して合併の対価を交付する場合には，その対価の種類に応じて以下の事項とその割当てに関する事項
  ①　株式：その数や算定方法，組み入れる資本金・準備金の額

②　社債：その種類及び種類ごとの各社債の金額の合計額又は算定方法
③　新株予約権：その内容及び数又は算定方法
④　新株予約権付社債：②と③の事項
⑤　上記①～④以外：その財産の内容及び数若しくは額又は算定方法

- 消滅会社が新株予約権を発行している場合には，新株予約権者に対して交付する存続会社の新株予約権又は金銭についての次に掲げる事項及びその割当てに関する事項
  ①　新株予約権：その内容及び数又は算定方法
  ②　①が新株予約権付社債に付された新株予約権である場合：存続会社が当該社債に係る債務を承継する旨並びにその承継に係る社債の種類及び種類ごとの各社債の金額の合計額又はその算定方法
  ③　金銭：金銭の額又はその算定方法
- 吸収合併の効力発生日

2．新設合併契約

新設合併を行う場合，消滅する２以上の会社は新設合併契約を締結する必要があります。吸収合併契約と同様に，新設合併契約にも必ず定めなければならない事項があります。

新設合併契約に必ず定めなければならない事項は下記のとおりです（会社法753）。

- 新設合併により消滅する会社の商号及び住所
- 新設合併により設立される株式会社の目的・商号・本店の所在地・発行可能株式総数
- その他定款で定める事項
- 新設会社の設立時の取締役の氏名
- 新設会社が会計参与・監査役・会計監査人を置く場合，その氏名又は名称
- 新設会社が合併に際して消滅会社の株主に対して交付する新設会社の株式の数又はその数の算定方法，新設会社の資本金及び準備金の額に関する事項
- 消滅会社の株主への対価が社債や新株予約権の場合，その内容や割当てに関する事項など

Q1-6 取締役会決議

取締役会の決議について教えてください。

ポイント

合併をする場合には，取締役会の承認が必要となる（会社法362④）。

A 合併は，会社の重要な業務執行の決定であるため，取締役会の承認を受ける必要があります（会社法362④）。なお，取締役会設置会社以外の会社は，取締役の過半数による承認が必要となります（会社法348②）。

また，合併は株主総会の特別決議が必要であるため，実務上，取締役会において株主総会の招集決議をあわせて行います（会社法298④）。

以下は，取締役会の議事録の記載例です。

取締役会議事録

1．日時　　令和〇〇年〇〇月〇〇日　午前〇〇時〇〇分から午前〇〇時〇〇分
2．場所　　当会社本店会議室
3．議長　　〇〇　〇〇
4．取締役総数　　　〇名
5．出席取締役数　　〇名
6．議事の経過の要領及びその結果

議長は開会を宣し，上記のとおり本取締役会のすべての議案の決議に必要となる法令及び定款に定める要件を充たしている旨を述べた。

第1号議案　　合併契約締結の件

議長は，別紙合併契約書の内容に基づき当会社を吸収合併存続会社，株式会社〇〇（本店：〇〇県〇〇市〇〇番地）を吸収合併消滅会社とする吸収合併契約を締結したい旨を述べ，その目的，趣旨等を説明した。また，本契約の締結が当会社と代表取締役 〇〇　〇〇との間における利益相反取引に該当することとなるため，会社法第365条第1項により読み替える会社法第356条第1項に基づく取締役会における承認が必要となる旨を述べた。

議長がその賛否を議場に諮ったところ，満場一致をもってこれに賛成した。

よって議長は，本議案は原案のとおり可決されたので，令和〇〇年〇〇月〇〇日開催予定の臨時株主総会における議案として上程する旨を宣した。

なお，代表取締役 〇〇　〇〇は，会社法第369条第2項の規定により特別利害関係人に該当するため，本決議に参加していない。

第2号議案　　臨時株主総会招集決定，付議議案の承認の件

議長は，臨時株主総会を次の要領で開催したい旨を述べたのち，その賛否を諮ったところ，満場一致をもってこれに賛成した。

よって，議長は，下記のとおり可決された旨を宣した。

記

1．開催日時　令和〇〇年〇〇月〇〇日　午前〇〇時〇〇分
2．開催場所　当会社本店会議室
　　　　　　（〇〇県〇〇市〇〇番地）
3．会議の目的
　第1号議案　合併契約締結の件

以上

以上をもって，本取締役会におけるすべての議案の審議を終了したので，議長は閉会を宣した。

以上の決議を明確にするため，本議事録を作成し，議長及び出席取締役全員が次に記名押印する。

令和〇〇年〇〇月〇〇日
〇〇株式会社　取締役会
議長　出席取締役　〇〇　〇〇
出席取締役　〇〇　〇〇
出席取締役　〇〇　〇〇

Q1-7 事前開示書面

吸収合併の場合の事前開示書面について教えてください。

存続会社及び消滅会社は，一定の期間，合併契約書や当事会社の計算書類などの書類を本店に備え置く必要がある（会社法782①，794①）。

A 合併は，消滅する会社の権利義務のすべてを承継することになるため，その会社の株主及び債権者に重要な影響を与えます。

したがって，株主や債権者が合併の適否を適切に判断できるよう，存続会社及び消滅会社は，その会社の本店において，合併契約書や当事会社の計算書類などを本店に備え置く必要があります。

事前に開示する主な内容は以下のとおりです（会社法782①，794①，会社法施行規則182，191）。

- ●合併契約書　●合併対価の相当性　●（最終事業年度の）計算書類等
- ●効力発生日以後の債務の履行に関する見込み
- ●上記に掲げる事項に変更が生じたときは，変更後の当該事項

上記書類の開示期間は，次に掲げる日のうち一番早い日から，合併の効力発生日以後６ヵ月を経過する日まで（消滅会社においては効力発生日まで）となります（会社法782①②，794①②）。

(i)	合併の承認に係る株主総会日の２週間前の日
(ii)	株主に対する合併を行う旨の通知の日又は公告の日のいずれか早い日
(iii)	新株予約権者に対する合併を行う旨の通知の日又は公告の日のいずれか早い日（消滅会社の場合のみ）
(iv)	公告の日又は個別催告の日のいずれか早い日

Q1-8 株主総会決議

株主総会の決議について教えてください。

ポイント

合併をする場合には，株主総会において合併契約の承認（特別決議）を受ける必要がある（会社法783①，795①，804①）。

A 合併をする場合には，原則として，株主総会において吸収合併契約又は新設合併契約の承認（特別決議）を受ける必要があり，実務上，その株主総会の議事録を作成します（会社法783①，795①，804①）。

特別決議とは，定款で異なる定めを置いていない場合には，会社合併に係る株主総会に議決権総数の過半数を有する株主が出席し，出席した株主の議決権の３分の２以上の賛成をもって承認される決議をいいます（会社法309）。

ただし，簡易会社合併及び略式会社合併については，株主総会決議が不要となっています。簡易会社合併及び略式会社合併については，Q１—16を参照してください。

臨時株主総会議事録

1．日　　時：令和○○年○○月○○日　午前○○時○○分から午前○○時○○分
2．場　　所：当会社本店会議室
3．出 席 者：発行済株式総数　○○株
この議決権を有する総株主数　○名
この議決権の数　○○個
本日出席株主数（委任状出席を含む）　○名
この議決権の個数　○○個
4．議　　長：代表取締役　○○　○○
5．出席役員：代表取締役　○○　○○
取締役　○○　○○
取締役　○○　○○
6．議事録作成者：代表取締役　○○　○○
7．会議の目的事項並びに議事の経過の要領及び結果：

議長は，開会を宣し，上記のとおり定足数にたる株主の出席があったので，本総会は適法に成立した旨を述べ，議案の審議に入った。

第1号議案　　合併契約締結の件

議長は，別紙合併契約書の内容に基づき当会社を吸収合併存続会社，株式会社○○（本店：○○県○○市○○番地）を吸収合併消滅会社とする吸収合併を行いたい旨を述べ，その目的，趣旨等を説明した。

議長がその賛否を議場に諮ったところ，満場一致をもってこれに賛成した。

よって議長は，第1号議案は原案のとおり可決された旨を宣した。

以上をもって，本臨時株主総会におけるすべての議案の審議を終了したので，議長は閉会を宣した。

以上の決議を明確にするため，本議事録を作成し，議長兼議事録作成者が次に記名押印する。

令和○○年○○月○○日

○○株式会社　臨時株主総会

議長・議事録作成者　　代表取締役　　○○　○○

column　合併消滅会社の決算確定日はいつ!?

消滅会社が合併により解散したときは，合併の日の前日までの期間を一事業年度とみなし，合併の日から２カ月以内に，消滅会社の確定申告と納税手続きを行う必要があります（法法14②，74，77）。しかし，消滅会社は合併により既に消滅しているため，実際の確定申告や納税手続きは存続会社がこれらの義務を引き継ぐことになります。

ところで，確定申告は法人税法74条の定めのとおり，確定した決算に基づき申告書を作成することが求められています。法人税申告書別表一においても「決算確定の日」を記載することになりますが，消滅会社の「決算確定の日」はいつになるのでしょうか。

一般的に「決算確定の日」とは，その会社の株主総会（一定の会計監査人設置会社の場合は取締役会。以下「株主総会等」という）において決算承認を受けた日を指しますので，決算承認を受ける株主総会等が存在しない消滅会社においては，「決算確定の日」は存在しないと考えられます。この点，消滅会社の決算承認に関する取扱いを定めた会社法上の明文規定はありません。

column　被合併法人の役員に対する退職慰労金の支給手続き

合併とは，Q1—1記載のとおり，２以上の会社が１つの会社となり，消滅する会社の権利義務の全部を，他の会社に承継させる行為をいいます。したがって，被合併法人が合併法人へ承継するのは，被合併法人の資産負債のみではなく，従業員との労働契約等の契約についても承継することになります。しかし，役員との委任契約については合併法人に承継されず，被合併法人の消滅により委任契約が終了します。そして，合併法人においても役員となる場合には，別途合併法人において新たに役員の選任手続きを行う必要があります。

被合併法人の役員は被合併法人との委任契約が終了するため，株主総会の決議等により役員退職慰労金を支給することができますが，この場合の株主総会の決議等は，被合併法人又は合併法人のどちらで行うべきなのでしょうか。税務上，被合併法人の株主総会等で役員退職慰労金の額が確定されていない場合にあっても，その金額を合理的に計算し未払金として損金経理をしたときは，被合併法人の損金の額に算入するものとされており(法人税基本通達９－２－33)，被合併法人における支給決議がない場合の規定も設けられておりますが，会社法上は被合併法人の役員に係る退職慰労金の合併法人における支給決議を定めた明文規定はありません。

したがって，役員退職慰労金の支給手続きを明確にするため，原則どおり被合併法人の株主総会等において役員退職慰労金の支給決議を行うことが望ましいと考えられます。実務においては合併の日までに各種手続きを行うことになりますが，役員退職慰労金を支給する予定があるときは，被合併法人において株主総会の決議等を忘れずに行っておくとよいでしょう。

Q1-9 労働者保護手続き

労働者保護手続きについて教えてください。

合併の場合は，すべての労働者との雇用関係も承継されるため労働者保護手続きは必要ない。

A 労働契約承継法が適用されるのは，会社が会社法に基づく会社分割を行う場合に限られており，合併を行う場合には適用されません。

合併の場合には，合併の効力発生のときに現に存在する消滅会社のすべての権利義務が存続会社又は新設会社に包括的に承継されることになります（会社法750，754，756）。すなわち，労働関係についても，消滅会社のすべての労働者の労働契約上の地位と内容は存続会社又は新設会社に包括的に承継され，消滅会社が締結している労働協約はそのまま存続会社又は新設会社に承継されます。このため，合併の場合には，特定承継である事業譲渡や一部の労働者の労働契約が包括承継される会社分割と異なり，労働契約や労働協約の承継について，基本的には，法的な問題はありません。

なお，合併により消滅会社の従前の労働契約の内容が，そのまま存続会社に引き継がれることになるため，１つの会社内に複数の労働契約が存在してしまうことになります。このような事態を避けるため，実務上は，合併前に労働契約の内容を変更する旨の個別同意を得ておき，合併後の円滑な労働条件の統一を図るケースもあります。

Q1-10 債権者保護手続き

合併の債権者保護手続きについて教えてください。

ポイント

- 債権者保護手続きの対象となる債権者

  存続会社及び消滅会社の債権者は，合併に対する異議申出を行うことが認められている。

- 具体的な手続き

  存続会社及び消滅会社は，合併に際して公告及び知れたる債権者への個別催告を行う必要がある。

- 異議申出があった場合の会社の対応

  債権者が異議を述べた場合，会社は原則として債権者に弁済する必要がある。

A

1．債権者保護手続きの対象となる債権者

存続会社及び消滅会社の債権者は，合併に対する異議申出を行うことが認められています（会社法789，799，810）。

これは，合併という組織再編行為に伴い債権者が有する債権の回収に影響を及ぼす場合があるため，債権者に不利益が生じないよう合併に対する発言の機会を設けることを趣旨として設けられた規定です。

具体的な内容は下記のとおりです。

(1) 吸収合併の場合

債権者保護手続きの対象となる債権者の範囲は，存続会社及び消滅会社のすべての債権者となります。個別催告については，それぞれの会社で行う必要がありますが，公告については，合併当事会社が連名により，1つの公告で行うことが可能です。

(2) 新設合併の場合

対象となる債権者の範囲は，消滅会社のすべての債権者となります。

新設合併の場合には，合併効力発生前にはそもそも新設会社自体が存在していませんので，新設会社には債権者保護手続きの規定自体がありません。

column　異議申出期間中（又は異議申出期間終了後）に債権を取得した債権者

会社法上，いつの時点の債権者が債権者保護手続きの対象となるかについては明確な定めはありませんが，異議申出期間中（又は異議申出期間終了後）に債権を取得した債権者については，債権者保護手続きの対象には含まれないものと考えられます。

2．具体的な手続き

存続会社及び消滅会社は次の事項を公告するとともに，知れたる債権者に対して個別催告を行う必要があります（会社法789②，799②，810②）。

なお，ここでいう「知れたる債権者」とは，会社が，債権者が誰であり，その債権がいかなる原因に基づき，いかなる内容のものかの把握をしている，その債権者を意味しています。

(1) 吸収合併の場合

- 吸収合併をする旨
- 合併の相手方の商号及び住所
- 各合併当事会社の計算書類に関する事項
- 債権者が一定の期間内に異議を述べることができる旨

(2) 新設合併の場合

- 新設合併をする旨
- 新設会社の商号及び住所，他の消滅会社の商号と住所
- 消滅会社の計算書類に関する事項

●債権者が一定の期間内に異議を述べることができる旨

ただし，会社の公告方法として官報公告以外（＝電子公告又は日刊新聞紙による公告での方法）を定款で定めている場合には，当該定款で定めている公告方法を官報公告とあわせて行うことにより，個別催告を省略することができます（会社法789③）。

定款で定めている公告方法	公告及び個別催告
官報	官報公告＋個別催告
電子公告	官報公告＋電子公告（個別催告不要）
	官報公告＋個別催告
日刊新聞紙	官報公告＋日刊新聞紙による公告（個別催告不要）
	官報公告＋個別催告

なお，債権者が異議を述べることができる期間として，1ヵ月以上の期間をとらなければいけないこととなっていますので，公告（及び個別催告）は1ヵ月以上前に行わなければならないということになります（会社法789②，799②，810②）。

公告（及び個別催告）を行う場合には，事前開示書面の備置きが開始されていることを要します（会社法782②四，794②三，803②四）。

〈官報公告の記載例〉

合併公告

左記会社は合併して甲は乙の権利義務全部を承継して存続し乙は解散することにいたしましたので公告します。

効力発生日は令和○○年○○月○○日であり，甲及び乙の株主総会の承認決議は令和○○年○○月○○日に終了しております。

この合併に異議のある債権者は，本公告掲載の翌日から一箇月以内にお申出ください。

なお，最終貸借対照表の開示状況は次のとおりです。

（甲）掲載紙　官報

掲載の日付　令和○○年○○月○○日

掲載頁　○○○頁（号外第○○○号）

（乙）掲載紙　○○○○新聞

掲載の日付　令和○○年○○月○○日

掲載頁　○○頁

令和○○年○○月○○日

東京都○○区○○○○町○○番地

（甲）○○○○株式会社

代表取締役　○○　○○

○○県○○○○市○○町○○番地

（乙）○○○○株式会社

代表取締役　○○　○○

3．異議申出があった場合の会社の対応

債権者が異議を述べた場合，会社は原則として次のいずれかの措置をとる必要があります（会社法789⑤，799⑤，810⑤）。

- その債権者に弁済する。
- その債権者に相当の担保を供する。
- その債権者に弁済を受けさせることを目的として信託会社等に相当の財産を信託する。

ただし，すでに十分な担保の提供をしているような場合など，合併をしても債権者を害するおそれがないときは，そのまま合併手続きを進めることができます。これらすべての債権者保護手続きは，効力発生日の前日までに終了している必要があります。

Q1-11 株式買取請求制度

株主による株式買取請求制度について教えてください。

(ポイント)

● 株式買取請求の概要

合併に反対する株主は，所定の期間内に，会社に対し株式買取請求を行うことができる。

● 株式買取請求を行うことができる株主

存続会社及び消滅会社のすべての株主が株式買取請求権を持つ。

● 株主への通知

イ　株式買取請求の対象となる株主がいる場合，会社は所定の日までに合併に関する事項を株主に通知する必要がある。

ロ　イの例外として，会社が公開会社である等一定の場合には，公告を行うことにより株主への個別通知を省略できる。

● 株式の買取価格

イ　会社は「公正な価格」で株式を買い取ることとなる。

ロ　効力発生日から30日以内に協議が調わなかった場合には，その後30日以内に裁判所へ株式買取価格決定の申立てをすることができる。

A

1．株式買取請求の概要

合併に反対する株主は，会社に対し自己が所有している株式の買取りを請求することができます（会社法785①，797①，806①）。これは，合併という株主にとって影響の大きい行為について，当該行為に反対する株主への投資回収の機会を与えることによって，株主保護を行うことを趣旨として設けられた制度です。

なお，この株式買取請求権の行使期間は，吸収合併においては「効力発生日の20日前から効力発生日の前日」，新設合併においては「合併に関する通知又は公告の日から20日以内」と権利の行使期間が限定されています（会社法785⑤，

797⑤，806⑤)。Q１―10で述べたように，債権者保護手続きは１ヵ月以上の期間をとることが要求されていますので，一般的には債権者保護手続きと比べると，実務上は株式買取請求期間がスケジュール上のネックになることは少ないです。

〈吸収合併の場合の株式買取請求期間と債権者保護手続期間〉

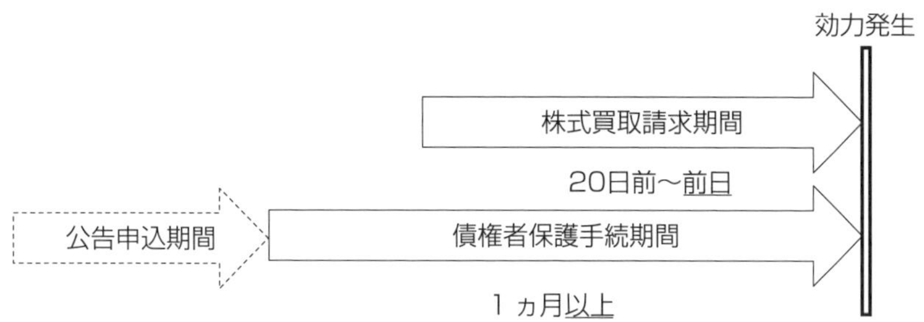

２．対象となる株主の範囲

合併という組織再編行為は，存続会社及び消滅会社の両社にとって影響の大きい行為であるため，合併当事会社の両社の全株主が株式買取請求の対象となります（会社法785①②，797①②，806①②）。

３．会社から株主への通知

(1)　吸収合併の場合

株式買取請求の対象となる株主がいる場合，会社は吸収合併の効力発生日の20日前まで※に，次の事項を対象となる株主に通知する必要があります（会社法785③，797③）。

- 吸収合併をする旨
- 存続会社の商号及び住所（消滅会社の場合）
- 消滅会社の商号及び住所（存続会社の場合）
- 消滅会社の資産のなかに存続会社の株式が含まれている場合には，その内容（存続会社のみ）

※　単に会社から発送するだけではなく「20日前までに株主へ到達している」必要がありますので，余裕を持ったスケジュールで株主へ通知を行う必要があります。

なお，通知の方法は会社法上規定がないため，書面のみならず口頭での通知でも可能です。ただし，後日問題となることを避けるためには書面での通知を行っておくことが望ましいです。

⑵　新設合併の場合

株式買取請求の対象となる株主がいる場合，会社は新設合併計画の承認に係る株主総会決議の日から２週間以内に，次の事項を対象となる株主に対して通知する必要があります（会社法806③）。

- 新設合併をする旨
- 他の消滅会社及び新設会社の商号及び住所

その他の取扱いについては吸収合併と同様です（上記⑴吸収合併の場合をご参照ください）。

column　株主の手続き

株式買取りを希望する株主は，会社に対し株式買取請求を行う必要があります。この場合，株主は買取りを希望する株数（種類株式発行会社（※）の場合には，株式の種類及び種類ごとの数）をあわせて会社に伝える必要があります。

なお，一度株式買取請求を行った場合，請求を撤回するには会社の承諾が必要となります。また，会社が吸収合併を中止した場合には株式買取請求はその効力を失ってしまいます。

※　種類株式発行会社とは，複数の株式を発行できる旨を定款に定めている会社をいいます。定款で定めているのみで，実際には１種類しか発行していない会社も種類株式発行会社に含まれます。

４．株式の買取価格

⑴　公正な価格

株式買取請求が行われた場合，会社は「公正な価格」で株式を買い取ることとなります（会社法785①，797①，806①）。

この「公正な価格」については，会社法上，明確な規定がなく，実務上は会社と株主とで価格決定の協議をする必要があります。

会社は，価格決定の協議が調った場合には，効力発生日から60日以内に株式買取代金を株主に支払うこととなります（会社法786①，798①，807①）。

⑵　協議が調わない場合

会社と株主との間で，効力発生日から30日以内に株式価格の協議が調わない場合には，その後30日以内に，裁判所へ株式買取価格決定の申立てをすることが認められています（会社法786②，798②，807②）。

Q1-12 新株予約権の買取請求制度

新株予約権の買取請求制度について教えてください。

（ポイント）

- 消滅会社の新株予約権者のうち一定の者については，新株予約権の買取請求が認められる。
- 存続会社の新株予約権者には，新株予約権の買取請求は認められていない。

1．消滅会社の新株予約権者

(1) 吸収合併の場合

消滅会社の新株予約権者のうち，次に掲げる者は，自己が所有する新株予約権を会社に対して買い取るよう請求することができます（会社法787①）。

> ① 吸収合併に伴い存続会社の新株予約権の交付を受ける者（下記②の定めがない場合）
> ② 「吸収合併を行う場合には存続会社の新株予約権の交付を受ける」旨の定めがある新株予約権者のうち，当該定めによる新株予約権の交付を受けなかった者

①の新株予約権者については，自身が所有する新株予約権の内容に変動が生じること，また，②の新株予約権者については定めがあるにもかかわらず当該定めによる取扱いがなされないことにより，それぞれ不利益が生じるおそれがあることから，このような買取請求が認められています。

(2) 新設合併の場合

消滅会社の新株予約権者のうち，次に掲げる者は，自己が所有する新株予約権を会社に対して買い取るよう請求することができます（会社法808①）。

> ①　新設合併に伴い新設会社の新株予約権の交付を受ける者（下記②の定めがない場合）
> ②「新設合併を行う場合には新設会社の新株予約権の交付を受ける」旨の定めがある新株予約権者のうち，当該定めによる新株予約権の交付を受けなかった者

2．存続会社の新株予約権者

存続会社の新株予約権者については，自身が所有する新株予約権の内容の変動が生じないため，新株予約権の買取請求が認められていません。

3．買取請求の方法

(1)　吸収合併の場合

会社は，買取請求の対象となる新株予約権者に対して，吸収合併の効力発生日の20日前までに，次の事項を通知する必要があります（会社法787③）。

> ①　吸収合併をする旨
> ②　存続会社の商号及び住所

新株予約権者のうち，買取請求を希望する者は，合併の効力発生日の20日前から効力発生日前日までの間に，会社に対し，買取請求を行う必要があります（会社法787⑤）。

上記のほか，新株予約権についても株式買取請求制度と同様の規定が整備されています（株式買取請求制度の規定については，**Q１―11**を参照ください）。

(2)　新設合併の場合

会社は，新株予約権買取請求の対象となる新株予約権者に対して，新設合併計画の承認に係る株主総会決議の日から２週間以内に，次の事項を通知する必要があります（会社法808③）。なお，この新株予約権買取請求権の行使期間は，「合併に関する通知の日又は，公告の日から20日以内」に限定されています（会社法808⑤）。

① 新設合併をする旨
② 他の消滅会社及び新設会社の商号及び住所

Q1-13　公正取引委員会への届出

公正取引委員会への届出について教えてください。

（ポイント）

一定規模以上の会社が合併を行う場合，事前に公正取引委員会に届け出る必要がある。

A　合併によって国内の一定の取引市場を独占して，企業間の競争を妨げてしまうような事態を避けるため，合併当事会社に国内売上高の合計額が200億円を超える会社と50億円を超える会社の双方が含まれる場合等には，事前に公正取引委員会に届け出る必要があります（独禁法15②）。

ただし，グループ内の合併など一定の場合にはこの届出は不要となります。

なお，届出を行った会社は，原則として，届出受理の日から30日を経過するまで合併を行うことはできません（独禁法10⑧）。

Q1-14 金融商品取引法上の届出

金融商品取引法上の届出について教えてください。

ポイント

金融商品取引法の適用を受ける会社は，臨時報告書や有価証券届出書を提出する必要がある。

A

1．有価証券報告書の提出義務がある会社

有価証券報告書の提出義務がある会社（証券市場に上場している会社など）が一定の条件（次の①～⑥）に該当する合併を行う場合には，臨時報告書を提出しなければなりません（金融商品取引法24の５④，開示府令19②七の三・四，19②十五の三・四）。

① 提出会社の資産の額が直近の事業年度の純資産価額の10％以上増加することが見込まれる吸収合併

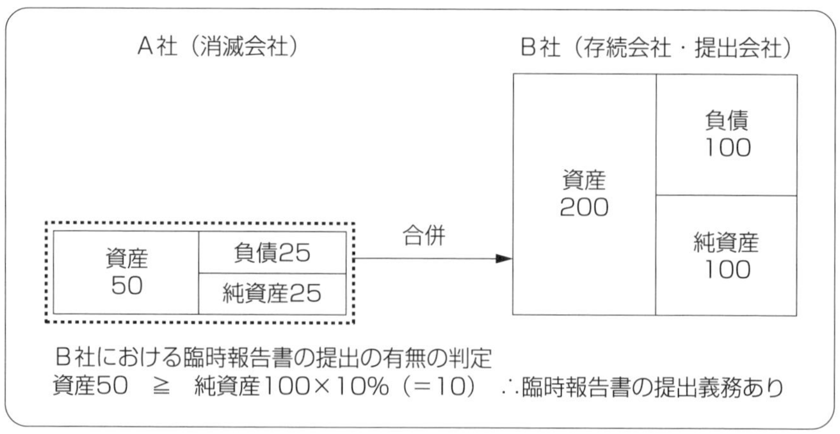

② 提出会社の売上高が直近の事業年度の売上高の３％以上増加することが見込まれる吸収合併

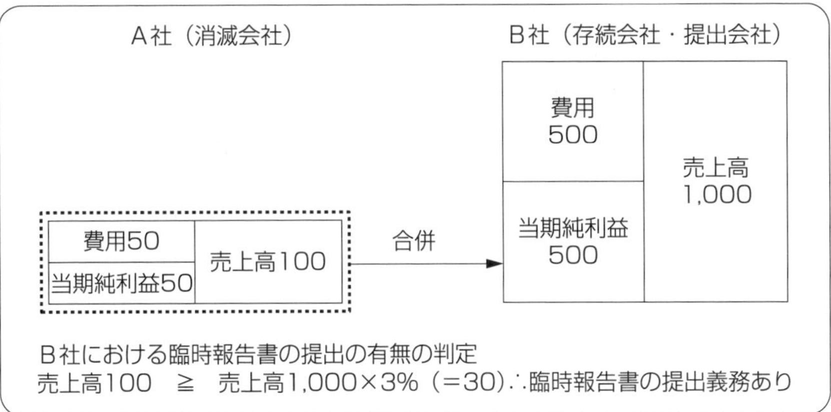

③　提出会社を消滅会社とする吸収合併

④　新設合併

⑤　連結会社の資産の額が直近の連結会計年度末の連結純資産額の30%以上増減することが見込まれる連結子会社の吸収合併又は新設合併

⑥　連結会社の売上高が直近の連結会計年度の売上高の10%以上増減することが見込まれる連結子会社の吸収合併又は新設合併

2．有価証券報告書の提出義務がない会社

有価証券報告書の提出義務がない会社であっても，合併により発行する株式又は合併により処分する自己株式の価額が1億円以上で一定の場合には，有価証券届出書の提出が必要となります。

なお，合併にあたり届出が必要な場合の提出先は，提出会社の本店を管轄する地方財務局となります。

Q1-15 事後開示書面

吸収合併の場合の事後開示書面について教えてください。

(ポイント)

存続会社は，一定の期間，合併によって承継した権利義務の内容を記載した書類等を本店に備え置く必要がある（会社法801①③）。

本店において事後に開示する主な内容は以下のとおりです（会社法施行規則200）。

これらの書類等（事後開示書類）は，株主や債権者その他利害関係者が閲覧することができます。

- 効力発生日
- 株式買取請求・債権者保護手続きに関する事項
- 消滅会社から承継した重要な権利・義務の情報
- 消滅会社が備え置いた事前開示書面に記載された事項（吸収合併契約の内容を除く。）
- 変更登記がなされた日
- 上記のほか合併に関する重要な事項

なお，存続会社は，効力発生日から６ヵ月間，上記の事後開示書類を本店に備え置かなければなりません（会社法801③）。

Q1-16 簡易合併，略式合併

簡易合併，略式合併について教えてください。

（ポイント）

- 原則として，存続会社及び消滅会社は，それぞれにおいて株主総会の特別決議による承認が必要であるが，簡易合併と略式合併の要件に該当する場合には，株主総会による承認を省略することができる。
- 親会社を存続会社とする完全親子間の無対価合併では，子会社が債務超過でなくとも，抱合せ株式消滅差損が生じるときは，存続会社である親会社において簡易合併はできない。

1．簡易合併

合併によって移転する資産が少ない場合には，その合併が存続会社に与える影響は軽微なものとなります。

そのような会社への影響が軽微な合併まで株主総会の承認を求めると，機動的な会社経営ができないため，次の要件を満たす場合には，存続会社における株主総会の承認を省略することができます（簡易合併といいます）。

なお，吸収合併における消滅会社及び新設合併における消滅会社については，簡易合併は認められません（会社法784②）。

〈簡易合併の要件〉

存続会社が吸収合併の対価として交付する次の(i)～(iii)の合計額が，存続会社の「純資産額」の20％以下である場合（会社法796②）。

(i)	対価として交付する存続会社の株式の数に1株当たり純資産額を乗じた額
(ii)	対価として交付する存続会社の社債，新株予約権又は新株予約権付社債の帳簿価額の合計額
(iii)	対価として交付する(i)(ii)以外の財産の帳簿価額の合計額

※簡易合併の例外

存続会社は，上記の要件を満たす場合であっても，次のいずれかに該当するときは，株主総会を省略することができません。すなわち，原則どおりの株主総会の特別決議が必要となります。

(i)	承継する資産より承継する負債の方が多い合併の場合（債務超過の消滅会社を合併する場合又は存続会社において抱合せ株式消滅差損が生じる合併の場合）（会社法796②但書，795②一）。
(ii)	存続会社が交付する合併対価が，合併により承継する純資産額（承継資産から負債を控除した額）を超える場合（会社法796②但書，795②二）。
(iii)	公開会社（注１）でない存続会社が，合併対価として存続会社の譲渡制限株式を交付する場合（会社法796②但書）。
(iv)	合併に際し，一定数以上の株主から反対する通知を受けた場合（注２）（会社法796③，会社法施行規則197①）。

（注１） 公開会社とは，発行する株式の全部又は一部を譲渡することについて株主総会による承認が不要な会社をいい（会社法２五），公開会社でない会社とは，いわゆる株式譲渡制限会社のことをいいます。

（注２） 株主総会で議決権を行使できる株式総数（特定株式の総数といいます）のうちに，次の算式で計算した議決権の行使できる株主以上の反対の通知があった場合をいいます。この規定は，株主総会を行えば合併の特別決議を否決できる可能性のあるほどの株主からの反対が見込まれる場合には，株主総会を省略できないという趣旨で設けられています。

$$(\text{特定株式の総数})\times\frac{1}{2}\times\frac{1}{3}+1$$

２．略式合併

存続会社と消滅会社の資本関係が90％以上の場合には，仮に子会社の株主総会を開催したとしても，承認されることが確実であるため，子会社における株主総会の承認を省略することができます（略式合併といいます。会社法784①，796①）。

なお，新設合併には略式合併は認められません。

(1) 消滅会社の決議が不要な場合

存続会社が消滅会社の議決権の90％以上を所有している場合（会社法784①）。

【略式合併のイメージ（消滅会社の決議が不要な場合）※1】

親会社Ａ社（存続会社）が子会社Ｂ社（消滅会社）を吸収合併する場合

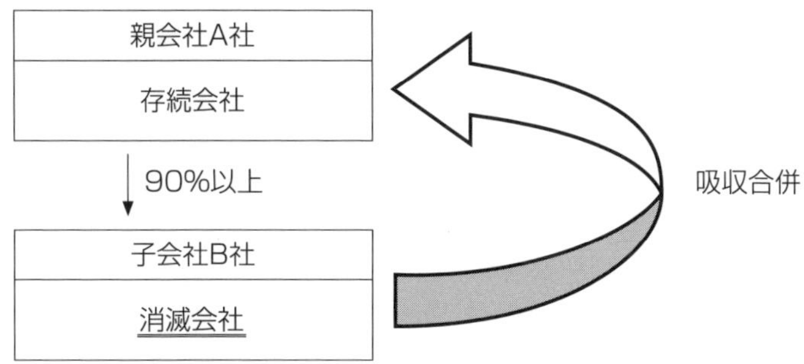

※１　略式合併の例外

合併の対価として存続会社の譲渡制限株式を交付する場合において，消滅会社が公開会社であり，かつ，種類株式発行会社でない場合には，消滅会社の株主総会の決議を省略することはできません（会社法784①但書）。

(2)　存続会社の決議が不要な場合

消滅会社が存続会社の議決権の90％以上を所有している場合（会社法796①，468①）。

【略式合併のイメージ（存続会社の決議が不要な場合）※2】

子会社Ｂ社（存続会社）が親会社Ａ社（消滅会社）を吸収合併する場合

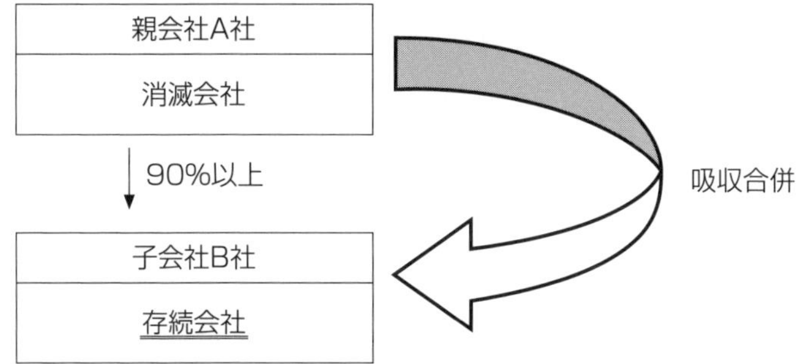

※２　略式合併の例外

公開会社でない存続会社（株式譲渡制限会社）が，合併の対価として存続会社の譲渡制限株式を交付する場合には，存続会社の株主総会の決議を省略することはできません（会社法796①但書）。

Q1-17 登記手続き

合併に係る登記手続きについて教えてください。

ポイント

- 吸収合併の場合は，存続会社の変更登記と消滅会社の解散登記を行う必要がある。
- 新設合併の場合は，新設会社の設立登記と消滅会社の解散登記を行う必要がある。
- 消滅会社が所有する不動産については，所有権の移転登記を行う必要がある。
- 登記申請の際には，合併契約書等の書類を添付する必要がある。
- 登記の際には，登録免許税が課せられる。

1．登記手続きの概要

(1) 吸収合併

吸収合併をする場合には，その効力が生じた日から２週間以内に存続会社は変更登記申請を，消滅会社は解散登記申請を，それぞれ本店の所在地を管轄する登記所で行う必要があります（会社法921）。この登記申請は，存続会社と消滅会社で同時に行う必要がありますので，各会社でそれぞれ申請書を作成し，同時に登記所に提出します（商業登記法82③）。消滅会社の本店の所在地を管轄する登記所の管轄区域内に存続会社の本店がないときは，消滅会社は，存続会社の本店の所在地を管轄する登記所を経由して申請書を提出しなければなりません（商業登記法82②）。

(2) 新設合併

新設合併をする場合には，株主総会の決議の日など一定の日から２週間以内に，新設会社は設立登記申請を，消滅会社は解散登記申請を，それぞれ本店の所在地を管轄する登記所で行う必要があります（会社法922）。この登記申請は，新設会社と消滅会社で同時に行う必要がありますので，各会社でそれぞれ申請書を作成し，同時に登記所に提出します（商業登記法82③）。消滅会社の本店の所在地を管轄する登記所の管轄区域内に新設会社の本店がないときは，消滅会社は，新設会社の本店の所在地を管轄する登記所を経由して申請書を提出しなければなりません（商業登記法82②）。

【登記手続きのまとめ】

<table>
<tr><th colspan="2"></th><th>登記の内容</th><th>期　限</th><th>登記事項</th></tr>
<tr><td rowspan="2">吸収合併</td><td>存続会社</td><td>変更の登記</td><td rowspan="2">効力発生日から２週間以内</td><td>(1)　合併をした旨並びに消滅会社の商号及び本店
(2)　発行済株式総数，資本金の額その他変更される登記事項がある場合にはその事項</td></tr>
<tr><td>消滅会社</td><td>解散の登記</td><td>(1)　解散の旨並びにその事由</td></tr>
<tr><td rowspan="2">新設合併</td><td>新設会社</td><td>設立の登記</td><td rowspan="2">次の日のうちいずれか遅い日から２週間以内
(1)　株主総会の承認決議日
(2)　株主・新株予約権者に対する合併の通知又は公告をした日から20日を経過した日
(3)　債権者の異議申立手続き終了日
(4)　消滅会社の合意日</td><td>(1)　合併をした旨並びに消滅会社の商号及び本店
(2)　設立に係る登記事項</td></tr>
<tr><td>消滅会社</td><td>解散の登記</td><td>(1)　解散の旨並びにその事由</td></tr>
</table>

２．登記申請についての添付書類

申請書には以下の書類を添付しなければなりません。

⑴　吸収合併（商業登記法80）

- 吸収合併契約書
- 存続会社及び消滅会社の合併契約の承認に係る書面（株主総会議事録，種類株主総会議事録）
- 略式合併，簡易合併に該当し，株主総会を開催しない場合における合併契約の承認に係る書面（取締役会議事録）
- 略式合併，簡易合併に該当する場合には，その要件に該当することを証明する書面（株主名簿，貸借対照表，上申書等）
- 簡易合併をした場合には，合併に反対の意思を通知した株主が有する株式の総数を証する書面
- 存続会社及び消滅会社の債権者に対して公告及び催告したことを証する書面
- 存続会社及び消滅会社の債権者の異議申立手続きの履行を証する書面及び異議を述べた債権者があるときは，その債権者に対して弁済等したこと又は合併をしても債権者を害するおそれがないことを証する書面
- 資本金の額が会社法第445条第５項の規定により計上されたことを証する書面
- 消滅会社の登記事項証明書（その登記所の管轄区域内に消滅会社の本店がある場合は不要）
- 消滅会社が株券発行会社である場合には，株券の提出に関する公告をしたことを証する書面
- 消滅会社が新株予約権を発行している場合には，新株予約権の提出に関する公告をしたことを証する書面
- 吸収合併消滅会社が持分会社であるときは，総社員の同意（定款に別段の定めがある場合にあっては，その定めによる手続）があったことを証する書面

⑵　新設合併（商業登記法81）

- 新設合併契約書

- 定款
- 株主名簿管理人を置いたときは，その者との契約を証する書面
- 設立時取締役が設立時代表取締役を選定したときは，これに関する書面
- 新設会社が委員会設置会社であるときは，設立時執行役の選任，設立時委員，設立時代表執行役の選定に関する書面
- 設立時取締役，設立時監査役及び設立時代表取締役が就任を承諾したことを証する書面並びに設立時取締役の印鑑証明書
- 設立時会計参与又は設立時会計監査人を選任したときは，これらの者が就任を承諾したことを証する書面及びこれらの者が法人であるときはその法人の登記事項証明書（新設会社の登記所の管轄区域内にその法人の本店がある場合は不要），これらの者が法人でないときは，資格者であることを証する書面
- 特別取締役による議決の定めがあるときは，特別取締役の選定及びその選定された者が就任を承諾したことを証する書面
- 資本金の額が会社法第445条第５項の規定により計上されたことを証する書面
- 消滅会社の登記事項証明書（その登記所の管轄区域内に消滅会社の本店がある場合は不要）
- 消滅会社の合併契約の承認に係る書面（株主総会議事録，種類株主総会議事録）
- 消滅会社の債権者の異議申立手続きの履行を証する書面及び異議を述べた債権者があるときは，その債権者に対して弁済等をしたこと又は合併をしても債権者を害するおそれがないことを証する書面
- 消滅会社が株券発行会社である場合には，株券の提出に関する公告及び通知をしたことを証する書面
- 消滅会社が新株予約権を発行している場合には，新株予約権の提出に関する公告をしたことを証する書面又は新株予約権を発行していないことを証する書面
- 新設合併消滅会社が持分会社であるときは，総社員の合意（定款に別段の

定めがある場合にあっては，その定めによる手続）があったことを証する書面

3．消滅会社が所有する不動産の名義変更

消滅会社が所有する不動産は合併により存続会社・新設会社に包括的に承継されますが，合併登記とは別途で所有権の移転登記が必要となります。

4．登録免許税

合併を行った場合には，存続会社，新設会社及び消滅会社でそれぞれ登録免許税が課されます。また，消滅会社が所有する不動産の名義変更についても別途で登録免許税が課されます。

(1)　存続会社・新設会社

増加する資本金の額に1,000分の1.5の税率を乗じて計算した額となります。ただし，その増加した資本金の額が消滅会社の合併直前の資本金の額を超過するときは，その超過した資本金の額に対応する部分に1,000分の７の税率を乗じて計算した額となります。なお，計算した金額が３万円に満たないときは，３万円となります。

(2)　消滅会社

３万円となります。

(3)　消滅会社が所有する不動産の名義変更

不動産の固定資産税評価額に1,000分の４の税率を乗じて計算した額となります。

Q1-18　債務超過会社の吸収合併

債務超過会社を消滅会社とする吸収合併は可能でしょうか？

ポイント

債務超過会社を消滅会社とする吸収合併は可能であるが，株主総会で説明が必要である。

A　合併は，存続会社が合併により承継する負債の額が資産の額を超える場合（債務超過の場合）も認められます。ただし，存続会社の純資産にマイナスの影響を与え，株主への分配可能限度額が減少するため，存続会社の株主を保護する観点から，存続会社の取締役は，合併契約を承認する株主総会で，その旨を説明し，承認を受ける必要があります（会社法795②）。

また，債務超過会社との吸収合併は，存続会社の債務弁済能力に影響を与えるため，存続会社に移転される負債に係る債権者及び存続会社の債権者には，特に十分な説明が必要です。

Q1-19 外国の会社との合併

外国の会社との合併はできるのでしょうか？

外国の法律によって設立された会社との間では合併はできない。

A 外国の法律によって設立された会社と，日本の会社との間では合併はできません。これはそれぞれの準拠法が異なるからです。

Q1-20 銀行口座の引継ぎ

銀行口座はどのように引き継がれますか？

（ポイント）

銀行口座が引き継げるかどうか，金融機関への確認が必要である。

A 消滅会社に係る銀行口座番号は取引先に周知されているため，合併後も存続会社で引き続き使用したいところですが，そのまま承継できるかどうかは各金融機関によって取扱いが異なるため，事前に取引金融機関への確認が必要です。

また，新設合併の場合には，新会社の登記簿謄本が法務局から取得できるまで数週間かかることがあります。したがって，新会社の登記簿謄本が取得できるまでの間，新会社は口座開設ができないときがあります。その場合には，しばらくは銀行口座を持たない会社になりますので，売掛金の入金先を合併当初は案内できないなど事業に影響があります。そのため，取引金融機関から口座の引き継ぎができないとの回答があった場合には，新設合併でなく，事前に準備会社を設立して，その会社が口座を開設した後に吸収合併を行うという対応も検討する必要があります。

Q1-21 取引先との既存契約

取引先との既存契約に影響がないでしょうか？

(ポイント)

取引先との契約書に，合併を禁止する条項や違約金の条項が付されていないかどうか確認が必要である。

取引基本契約書等の重要な契約書には，敵対的買収を防止する観点等から，チェンジ・オブ・コントロール条項（支配権変更条項）が入ったものがあります。これは，組織再編行為を禁止するような条項や，支配株主や役員に変動が生じた場合に，期限の利益を喪失させたり，解除権を発生させたりすることができる条項であり，契約内容に制限がかかる条項です。

【条項例】

（解除）
○○条　乙は，合併した場合又は乙の株主が50%を超えて変動した場合は，甲へ通知を行わなければならない。

合併は包括承継であるため，合併契約書に記載のある権利義務は，契約者の同意がなくても存続会社に移転することになりますが，実務上，取引先との関係が悪化することを避けることや，契約違反としての違約金の支払有無の確認のため，合併を実行する前に，取引先に事前に十分な説明を行い，合併の前に契約書の更新や承継することについての覚書を交わすなどの検討・対応が必要になります。

Q1-22　許認可事業

許認可事業は自動的に引き継がれるでしょうか？

(ポイント)

許認可事業を合併する場合には，各許認可の根拠法の確認が必要となる。

承継事業が許認可事業である場合には，その許認可を合併によって存続会社に承継できるかどうか，事前に確認が必要です。

例えば，食品衛生法に基づく飲食店営業の許可は，合併後に事後的に都道府県に届ければ承継できますが，一方で，建設業許可については，許可のある会社と許可のない会社が合併する場合，許可のある会社が存続会社となる場合は，許可は影響を受けませんが，許可のない会社が存続会社となる場合は，許可は承継されず，事前に国土交通大臣等の許可を受ける必要があり，許可がなければ存続会社は無許可で許認可事業を行っていることになってしまいます。

そのため，合併で包括的に承継できないような許認可事業については，事前に許認可を行う行政庁とすりあわせを行う等の対応を検討する必要があります。

Q1-23 不動産移転に係る税金

不動産を移転した場合，登録免許税や不動産取得税が課されますか？

ポイント

- 不動産を合併により移転した場合には，不動産登記に係る登録免許税が課される。
- 不動産取得税は，非課税とされている。

A

1．登録免許税

合併により不動産を存続会社や新設会社に移転する場合，不動産の移転登記手続きが必要となり，その登記手続きの際に登録免許税が課されます。登録免許税は，不動産の価額（固定資産税評価額）に0.4％を乗じて計算します。

2．不動産取得税

合併により不動産を存続会社に移転する場合，不動産取得税は課されません（地方税法73の7二）。

3．実務上の留意点

合併により価格の高い不動産を移転すると，存続会社は多額の登録免許税が課される場合があるため，存続法人をいずれの法人にするかを判断するにあたり，移転コストがどの程度必要かシミュレーションを行い，検討を行う必要があります。

第2章

合併の会計

Q2-1 企業結合に関する会計基準の概要

企業結合に関する会計基準の概要を教えてください。

ポイント

- 企業結合とは，会社法上の組織再編よりも広い企業同士の結合をいう。
- 企業結合の会計処理は取得，共同支配企業の形成，共通支配下の取引の３つに分類される。

A 企業結合とは，ある企業（又はある企業を構成する事業）と他の企業（又は他の企業を構成する事業）とが１つの報告単位に統合されることをいいます（企業結合会計基準５）。具体的には，合併，会社分割，株式交換，株式移転，株式交付などの会社法上の組織再編や事業の譲り受けのほか，現金による他社の買収（TOB等を含む）等も企業結合の範囲に含まれます。

【企業結合の範囲】

会社法上の組織再編					事業の譲り受け	現金による他社の買収等
合併（新設合併，吸収合併）	会社分割（新設分割，吸収分割）※	株式交換	株式移転	株式交付		

※　事業を受け入れる分割承継会社は企業結合に関する会計基準が適用されますが，事業を分離する分割会社は企業会計基準第７号「事業分離等に関する会計基準」が適用されます。

合併は企業結合に該当するので，企業結合に関する会計基準が適用されます。企業結合に関する会計基準では，企業結合を次の3つに分類し，それぞれの分類の異なるごとに取扱いを定めています。

① 取得

取得とは，ある企業が他の企業又は企業を構成する事業に対する支配を獲得することをいいます（企業結合会計基準9）。

② 共同支配企業の形成

共同支配企業の形成とは，複数の独立した企業が契約等に基づき，共同支配企業（複数の独立した企業により共同で支配される企業）を形成する企業結合をいいます（企業結合会計基準11）。

③ 共通支配下の取引

共通支配下の取引とは，結合当事企業（又は事業）のすべてが，企業結合の前後で同一の株主により最終的に支配され，かつ，その支配が一時的ではない企業結合をいいます（企業結合会計基準16）。

【企業結合の会計処理の分類フローチャート】

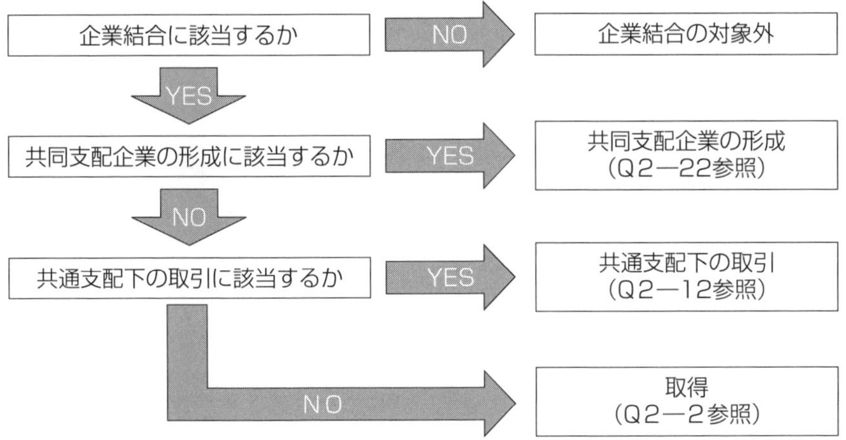

Q2-2 取得の会計処理，パーチェス法

取得の会計処理を教えてください。またパーチェス法とはどういうものか教えてください。

（ポイント）

- 共同支配企業の形成及び共通支配下の取引以外の企業結合を取得という。
- 取得と判定された企業結合に適用される会計処理をパーチェス法という。
- パーチェス法では，被取得企業から受け入れる資産及び負債の取得原価を合併時の時価とし，当該資産及び負債の差額と合併の対価との差額をのれん又は負ののれんとする。

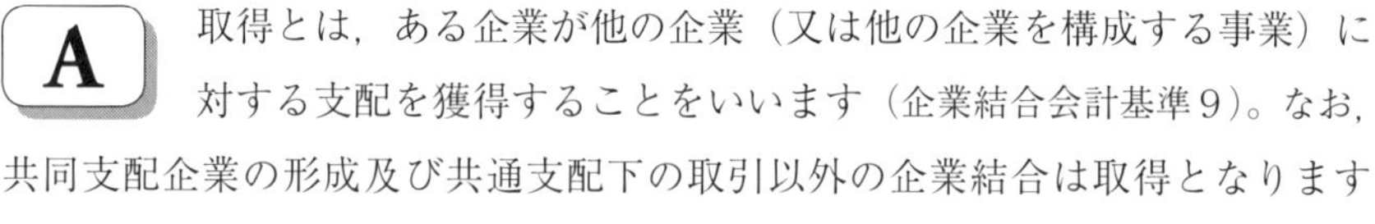

A　取得とは，ある企業が他の企業（又は他の企業を構成する事業）に対する支配を獲得することをいいます（企業結合会計基準9）。なお，共同支配企業の形成及び共通支配下の取引以外の企業結合は取得となります（企業結合会計基準17）。

取得と判定された企業結合の会計処理は次の手順で行います。

会計処理の手順	参照Q
①取得企業の決定	2－3
②取得原価の算定	2－4
③取得原価の配分	2－6
④のれん又は負ののれんの算定	2－7
⑤取得企業の増加資本の算定	2－8

パーチェス法では，取得企業が企業結合日に被取得企業が認識していなかったものも含めて，受け入れた資産及び負債のうち識別可能なものに取得原価を配分します（持分プーリング法は廃止されています）。被取得企業全体に対して算定した取得原価と，識別可能な資産及び負債への取得原価の配分額との差額がのれん又は負ののれんであり，のれんは20年以内のその効果の及ぶ期間に

わたり，合理的な方法により規則的に償却し，負ののれんは，その生じた事業年度の利益として処理します（企業結合会計基準28～33）。

Q2-3 取得企業決定の手順

取得企業の決定の手順を教えてください。

ポイント

- 取得企業の決定には，連結会計基準の考え方を用いる。
- 連結会計基準の考え方で取得企業が明確でない場合には，一定の要素を用い，総合的に勘案して取得企業を決定する。

取得の会計処理を行うにあたっては，取得企業を決定する必要があります。

取得企業とは，ある企業（又はある企業を構成する事業）を取得する企業をいい，当該取得される企業を被取得企業といいます（企業結合会計基準10）。取得企業と被取得企業を決定するために，企業会計基準第22号（「連結財務諸表に関する会計基準」，以下「連結会計基準」という）の考え方を用います。連結会計基準の考え方を用いても取得企業が明確ではない場合には，企業結合会計基準19から22の要素を考慮して取得企業を決定します（企業結合会計基準18）。

【取得企業の決定プロセス】

プロセス１　連結会計基準により他の結合当事企業を支配することとなる結合当事企業が明確である場合

原則として当該結合当事企業が取得企業

※　連結会計基準では，実質支配力基準の考え方により「他の企業の意思決定機関を実質的に支配している企業」が定義されています（連結会計基準７）。

プロセス2　連結会計基準の考え方を用いても取得企業が明確でない場合

連結会計基準の考え方を用いても，どの結合当事企業が取得企業になるか明確でない場合には次の⑴から⑷の要素を考慮して取得企業を決定する。

⑴　主な対価の種類として，現金もしくは他の資産を引き渡す又は負債を引き受けることとなる場合……当該現金もしくは他の資産を引き渡す又は負債を引き受ける企業（結合企業）が取得企業となる。

⑵　主な対価の種類が株式（出資を含む。以下⑵において同じ）である場合……当該株式を交付する企業（結合企業）が取得企業となるが，対価の種類が株式である場合の取得企業の決定にあたっては，次の①から⑤の要素を勘案して総合的に取得企業を決定する。

①　総体としての株主が占める相対的な議決権比率の大きさ

ある結合当事企業の総体としての株主が，結合後企業の議決権比率のうち最も大きい割合を占める場合には，通常，当該結合当事企業が取得企業となる。なお，結合後企業の議決権比率を判断するにあたっては，議決権の内容や潜在株式の存在についても考慮しなければならない。

②　最も大きな議決権比率を有する株主の存在

結合当事企業の株主又は株主グループのうち，ある株主又は株主グループが，結合後企業の議決権を過半には至らないものの最も大きな割合を有する場合であって，当該株主又は株主グループ以外には重要な議決権比率を有していないときには，通常，当該株主又は株主グループのいた結合当事企業が取得企業となる。

③　取締役等を選解任できる株主の存在

結合当事企業の株主又は株主グループのうち，ある株主又は株主グループが，結合後企業の取締役会その他これに準ずる機関（重要な経営事項の意思決定機関）の構成員の過半数を選任又は解任できる場合には，通常，当該株主又は株主グループのいた結合当事企業が取得企業となる。

④　取締役会等の構成

結合当事企業の役員もしくは従業員である者又はこれらであった者が，結合後企業の取締役会その他これに準ずる機関（重要な経営事項の意思決定機関）を事実上支配する場合には，通常，当該役員又は従業員のいた結合当事企業が取得企業となる。

⑤　株式の交換条件

ある結合当事企業が他の結合当事企業の企業結合前における株式の時価を超えるプレミアムを支払う場合には，通常，当該プレミアムを支払った結合当事企業が取得企業となる。

(3)　結合当事企業のうち，いずれかの企業の相対的な規模（例えば，総資産額，売上高あるいは純利益）が著しく大きい場合には，通常，当該相対的な規模が著しく大きい結合当事企業が取得企業となる。

(4)　結合当事企業が３社以上である場合の取得企業の決定にあたっては，(3)に加えて，いずれの企業がその企業結合を最初に提案したかについても考慮する。

【設例】：取得企業の決定

〈前提条件〉

	A社	B社
合併比率	1	0.8
発行済株式数（＝議決権数）	1,000	500
合併時１株当たりの株価	15	12

- 当該合併は取得と判定された。
- Ａ社の株価には市場価格がある。
- 取得に直接要した支出額はないものとする。
- Ａ社はＢ社株主乙に新株を交付する。

この**【設例】**では，連結会計基準の考え方によりＡ社が支配を獲得することになるため，Ａ社が取得企業になります。

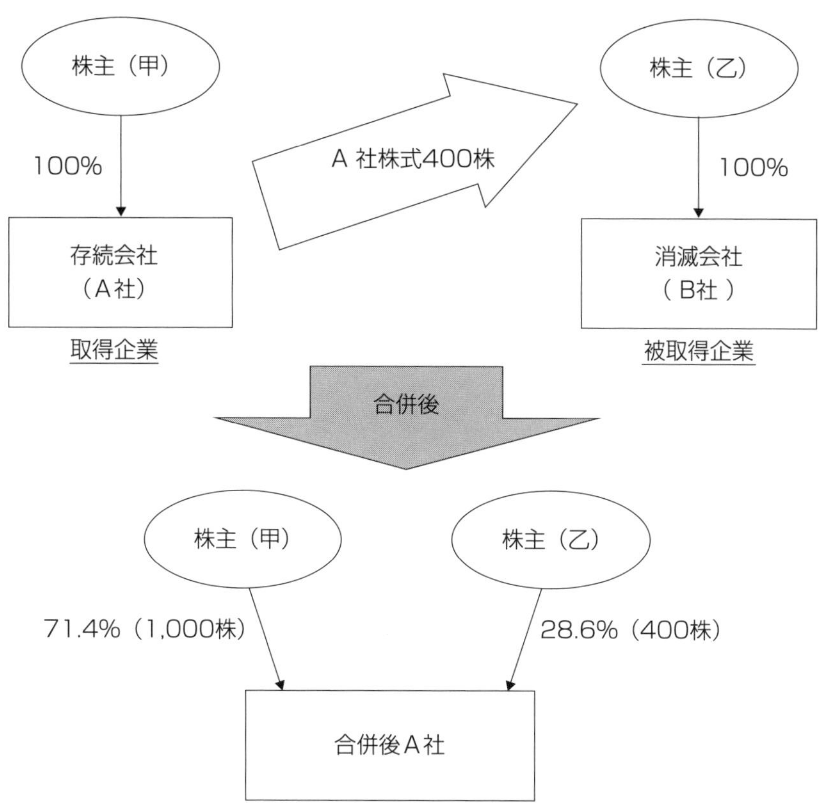

- A社株主甲の議決権比率：71.4%（1,000株／1,400株※）

　※　1,400株はA社の発行済株式数1,000株とA社が合併比率に応じてB社株主乙に交付した株式数400株（500株×0.8）の合計数

- B社株主乙の議決権比率：28.6%（400株／1,400株）

Q2-4 取得原価の算定方法

取得原価の算定方法を教えてください。

ポイント

- 被取得企業の取得原価は，取得の対価となる財の企業結合日の時価をもって算定する。
- 支払対価が現金の場合は，支出額が取得の対価となる。
- 支払対価が現金以外の場合は，支払対価となる財の時価と取得した純資産の時価のうち，高い信頼性をもって測定可能な時価が取得の対価となる。
- 支払対価が取得企業の株式の場合には，原則として，企業結合日の時価を基礎として取得原価を計算する。

1. 取得原価の算定方法

被取得企業の取得原価の算定方法は，次のとおりとなります（企業結合会計基準23，適用指針36）。

取得原価	＝	取得の対価となる財の企業結合日における時価

① 取得の対価

取得の対価となる財の企業結合日の時価は，支払対価の種類に応じ次のとおりとなります（適用指針37～38，355～357）。

支払対価の種類	取得の対価（企業結合日の時価）
現金	現金の支出額
現金以外の資産の引渡し， 負債の引受け又は株式の交付	支払対価となる財の時価と被取得企業の時価のうち，より高い信頼性をもって測定可能な時価
取得企業の株式が交付される場合	株式の企業結合日の時価※１，２

※1　取得企業の株式に市場価格がある場合には，原則として取得企業株式の株価を基礎として算定する。また，取得企業が非公開企業，被取得企業が公開企業の場合には，原則として被取得企業株式の市場価格を基礎として算定する。

※2　取得企業及び被取得企業がともに非公開企業である場合において，企業結合会計上の測定値として妥当な時価純資産額が算定されているときは，被取得企業から受け入れた識別可能資産及び負債の時価を基礎とした正味の評価額を時価とすることができる。

被取得企業の取得原価は，被取得企業の資産及び負債の時価とは別に算定されることになるため，原則としてのれん又は負ののれんが生じることになります（上表の※2の場合を除きます）。

②　取得が複数の取引より達成された場合（段階取得）

合併による取得が，単一の取引ではなく複数の取引により達成される場合（段階取得），個別財務諸表上，支配を獲得するに至った個々の取引ごとの取得に係る原価の合計額をもって，被取得企業の取得原価とします（適用指針46）。段階取得についてはＱ２－５を参照してください。

③　株式交付費

企業結合の際の株式の交付に伴い発生する費用（登録免許税，証券会社への業務委託手数料等）は，支払対価の種類に影響される財務的な活動としての性格が強いと考えられるため，取得原価には含めず，株式交付費として会計処理します（適用指針49）。

2. 具体例

【設例】：取得原価の算定

〈前提条件〉

	A社	B社
取得企業	○	
合併比率	1	0.8
発行済株式数（＝議決権数）	1,000	500
合併時1株当たりの株価	15	12

- 当該合併は取得と判定された。
- 取得企業はA社と判定された。
- A社の株価には市場価格がある。
- 取得に直接要した支出額はないものとする。
- A社はB社株主乙に新株を交付する。

この**【設例】**では，取得の対価が現金以外のA社株式であり，A社株式には市場価格があるので取得原価は次のとおりになります。

取得原価	＝	6,000※

※　15(A社株式の1株当たりの時価)×400株(500(B社の発行済株式数)×0.8(合併比率))

Q2-5 段階取得が行われた場合の取得原価と会計処理

段階取得が行われた場合の取得原価と会計処理を教えてください。

（ポイント）

- 段階取得とは，合併の前に取得企業が被取得企業の株式の一部を保有しており，取得が複数の取引（株式の取得と合併）により達成されることをいう。
- 取得が段階取得によって達成された場合，支配を獲得するに至った個々の取引ごとの原価の合計額をもって被取得企業の取得原価とする。

A

1．取得原価

取得企業が，合併直前に被取得企業の株式を保有しており，企業結合の対価として取得企業の株式が交付された場合の取得原価は，取得企業が交付する取得企業の株式の時価と合併期日の被取得企業の株式の帳簿価額を合算して算定します（適用指針46）。

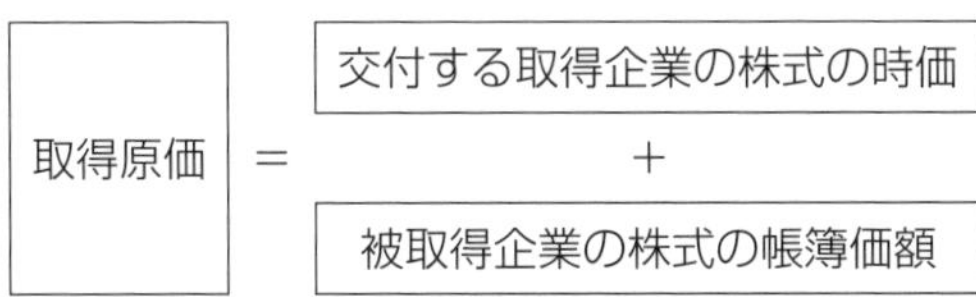

2．段階取得の会計処理（被取得企業の株式をその他有価証券に分類していた場合）

【設例】：取得原価の算定と会計処理

〈前提条件〉

	A社	B社
取得企業	○	

合併比率	1	0.8
発行済株式数（＝議決権数）	1,000	500
合併時１株当たりの株価	15	12

- 当該合併は取得と判定された。
- 取得企業はＡ社と判定された。
- Ａ社の株価には市場価格がある。
- 取得に直接要した支出額はないものとする。
- Ａ社はＢ社株主乙に新株を交付する。
- 合併契約書に増加する資本のうち，資本金を1,000，残額を資本剰余金とすることが定められている。
- Ａ社はＢ社株式を10株（帳簿価額50，時価120）保有し，その他有価証券に分類している。

Ａ社（合併直前貸借対照表）

諸資産	10,000	諸負債	8,000
土地	5,000	資本金	3,000
Ｂ社株式	120	資本剰余金	2,000
		利益剰余金	2,050
		その他有価証券評価差額金	70

※　合併時における土地の時価は8,000であり，諸資産及び諸負債については時価は帳簿価額と同じである。

Ｂ社（合併直前貸借対照表）

諸資産	5,000	諸負債	3,000
土地	1,000	資本金	1,000
		資本剰余金	1,000
		利益剰余金	1,000

※　合併時における土地の時価は3,000であり，諸資産及び諸負債については時価は帳簿価額と同じである。

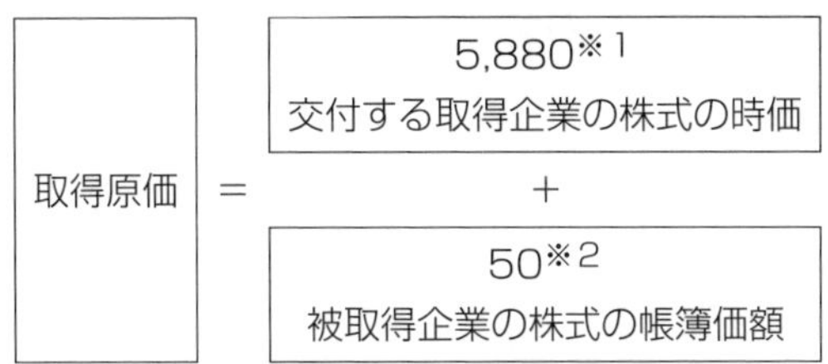

※1　15（A社株式の1株当たりの時価）×392株（(500株－10株）×0.8）
※2　B社（被取得企業）株式の帳簿価額

(参考)

〈A社の合併仕訳〉

(借) その他有価証券評価差額金	70※1	(貸) B社株式	70
(借) 諸資産	5,000※2	(貸) 諸負債	3,000※2
土地	3,000※2	資本金	1,000※4
のれん	930※3	資本剰余金	4,880※4
		B社株式	50

※1　120（A社保有のB社株式の合併直前の時価）－50（A社保有のB社株式の帳簿価額）＝70

※2　合併時の時価

※3　差額

※4　合併契約書の定めにより，払込資本5,880のうち資本金の増加額を1,000とし，残額の4,880を資本剰余金の増加額とする。

A社（合併後貸借対照表）

諸資産	15,000	諸負債	11,000
土地	8,000	資本金	4,000
のれん	930	資本剰余金	6,880
		利益剰余金	2,050

3．段階取得の会計処理（被取得企業の株式を関連会社株式に分類していた場合）

【設例】：取得原価の算定と会計処理

〈前提条件〉

	A社	B社
取得企業	○	
合併比率	1	0.8
発行済株式数（＝議決権数）	1,000	500
合併時１株当たりの株価	15	12

- 当該合併は取得と判定された。
- 取得企業はA社と判定された。
- A社の株価には市場価格がある。
- 取得に直接要した支出額はないものとする。
- A社はB社株主乙に新株を交付する。
- 合併契約書に増加する資本のうち，資本金を1,000，残額を資本剰余金とすることが定められている。
- A社はB社株式100株（発行済株式の20%）を1,000で保有し，関連会社株式に分類している。

A社（合併直前貸借対照表）

諸資産	10,000	諸負債	8,000
土地	5,000	資本金	3,000
B社株式	1,000	資本剰余金	2,000
		利益剰余金	3,000

※　合併時における土地の時価は8,000であり，諸資産及び諸負債については時価は帳簿価額と同じである。

B社（合併直前貸借対照表）

諸資産	5,000	諸負債	3,000
土地	1,000	資本金	1,000
		資本剰余金	1,000
		利益剰余金	1,000

※　合併時における土地の時価は3,000であり，諸資産及び諸負債については時価は帳簿価額と同じである。

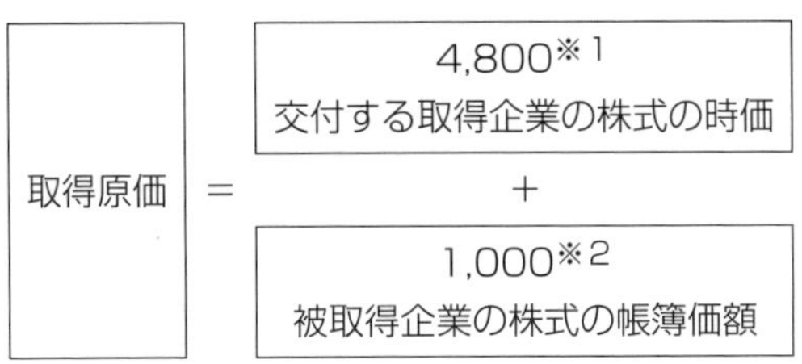

※1　15（A社株式の1株当たりの時価）×320株（(500株－100株）×0.8）
※2　B社（被取得企業）株式の帳簿価額

（参考）

〈A社の合併仕訳〉

(借)		(貸)	
諸資産	5,000※1	諸負債	3,000※1
土地	3,000※1	資本金	1,000※3
のれん	800※2	資本剰余金	3,800※3
		B社株式	1,000

※1　合併時の時価
※2　差額
※3　合併契約書の定めにより，払込資本4,800のうち資本金の増加額を1,000とし，残額の3,800を資本剰余金の増加額とする。

A社（合併後貸借対照表）

諸資産	15,000	諸負債	11,000
土地	8,000	資本金	4,000
のれん	800	資本剰余金	5,800
		利益剰余金	3,000

Q2-6 取得原価の配分，手順

取得原価の配分とは何ですか？　また，その手順を教えてください。

ポイント

- 被取得企業全体に対して算定した取得原価を識別可能な資産及び負債に配分する。
- 被取得企業の企業結合日前の貸借対照表に計上されていなかったものでも，取得企業が資産及び負債として認識する場合がある。
- 取得原価の各資産及び負債への配分は，時価を基礎とする。
- 各資産及び負債へ配分した後の取得原価との差額は，「のれん」とする。

A

１．取得原価の配分とは

Ｑ２―４で算定された取得原価は，被取得企業全体に対する取得原価といえますが，取得企業では被取得企業から受け入れた資産及び負債を，例えば「Ｂ社」のように１つの資産として貸借対照表に計上するのではなく，被取得企業から受け入れた個々の資産及び負債を個別に計上することになります。このため，取得企業では，被取得企業全体に対して算定された取得原価を，合併により受け入れた個々の資産及び負債に配分する必要があります。この配分の手続きを「取得原価の配分」といいます。

２．取得原価の配分の手順

取得原価は，識別可能資産及び負債（下記(1)参照）に，合併期日における時価を基礎として配分します。そして，取得原価と当該配分額との差額はのれん（又は負ののれん）として計上します。

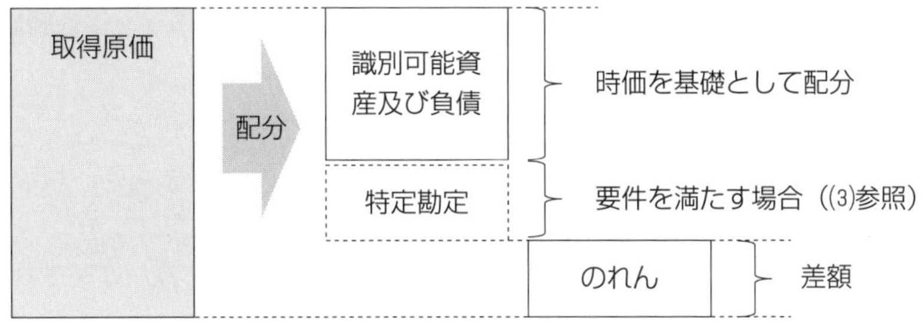

(1)　識別可能資産及び負債の範囲

被取得企業から受け入れた資産及び負債のうち，合併期日において認識可能なものを識別可能資産及び負債と呼びます。識別可能資産及び負債の範囲については，被取得企業の合併前の貸借対照表に計上されていたかどうかにかかわらず，企業がそれらに対して対価を支払って取得した場合，原則として，我が国において一般に公正妥当と認められる企業会計の基準のもとで認識されるものに限定するとされています（企業結合会計基準99）。

また，合併により受け入れた資産及び負債のなかに，法律上の権利など分離して譲渡可能な無形資産が含まれる場合には，識別可能なものとして取り扱うこととなります（企業結合会計基準29）。なお，法律上の権利は，特定の法律に基づく知的財産権（知的所有権）等の権利を指しますが，具体的には，産業財産権（特許権，実用新案権，商標権，意匠権），著作権，半導体集積回路配置，商号，営業上の機密事項，植物の新品種等が含まれます（適用指針58）。

(2)　識別可能資産及び負債への配分額

識別可能資産及び負債への取得原価の配分額は，合併期日における時価を基礎として算定します。この合併期日における時価は，いわゆる独立第三者間取引に基づく公正な評価額であり，通常，それは観察可能な市場価格に基づく価額ですが，市場価格が観察できない場合には，合理的に算定された価額が時価となると考えられます（企業結合会計基準102）。

なお，以下のいずれの要件も満たす場合には，簡便的な取扱いとして，識別可能資産及び負債への配分額を時価によらず，被取得企業の適正な帳簿価額を基礎として算定できることとされています（適用指針54）。

> ①　被取得企業が企業結合日の前日において，一般に公正妥当と認められる企業会計の基準に従って資産及び負債の適正な帳簿価額を算定していること。
> ②　①の帳簿価額と企業結合日の当該資産又は負債の時価との差異が重要でないと見込まれること。

(3)　特定勘定への取得価額の配分

合併後に発生することが予測される特定の事象に対応した費用又は損失であって，その発生の可能性が取得の対価の算定に反映されている場合には，負債として認識します（企業結合会計基準30）。なお，企業結合における特定勘定の例として，適用指針では次の項目があげられています。

> ●人員の配置転換や再教育費用
> ●割増（一時）退職金
> ●訴訟案件等に係る偶発債務
> ●工場用地の公害対策や環境整備費用
> ●資産の処分に係る費用（処分費用を当該資産の評価額に反映させた場合で，その処分費用が処分予定の資産の評価額を超過した場合には，その超過額を含む。）
>
> （適用指針373）

3．具体例

【前提条件】

- A社（取得企業）はB社（被取得企業）を吸収合併し，合併の対価として，B社の株主にA社株式を交付している。
- 合併対価として交付したA社株式の時価は6,000である。
- 合併契約書において，A社で増加する資本の内訳は，資本金1,000，残額を資本剰余金とすることが定められている。

●A社及びB社の合併直前の貸借対照表は以下のとおりである。

A社（合併直前貸借対照表）

諸資産	10,000	諸負債	8,000
土地	5,000	資本金	3,000
		資本剰余金	2,000
		利益剰余金	2,000

B社（合併直前貸借対照表）

諸資産	5,000	諸負債	3,000
土地	1,000	資本金	1,000
		資本剰余金	1,000
		利益剰余金	1,000

※　合併時のB社の土地の時価は2,000であり，諸資産及び諸負債の時価は帳簿価額と同額である。

※　合併に伴い，B社の人員の整理を行う予定であり，合併後に割増退職金として500の費用の発生が見込まれている。なお，合併対価は当該費用の発生も織り込んで決定されている。

【A社の会計処理】

(借) 諸資産	5,000※1	(貸) 諸負債	3,000※1
土地	2,000※1	特定勘定	500※2
のれん	2,500※3	資本金	1,000※4
		資本剰余金	5,000※4

※1　合併時の時価

※2　合併後に発生する予定である割増退職金の発生見込み額

※3　取得原価6,000と※1と※2の各資産及び負債に配分した金額との差額

※4　合併契約書の定めにより，払込資本6,000のうち，資本金の増加額を1,000とし，残額の5,000を資本剰余金の増加額とする。

Q2-7 のれん，負ののれんの会計処理

のれん及び負ののれんの会計処理について教えてください。

ポイント

- 取得原価を識別可能資産及び負債に配分した後の残額がのれんとなる（残額がマイナスとなる場合は負ののれん）。
- のれんは20年以内の期間で定額法等により規則的に償却するが，金額的に重要性が乏しい場合は，のれんが生じた事業年度に一括で費用処理することができる。
- 負ののれんが生じた場合は，その事業年度の利益として処理する。

A

1．のれんの会計処理

のれんは，資産として計上し，20年以内のその効果の及ぶ期間にわたって，定額法その他の合理的な方法により規則的に償却しますが，のれんの金額に重要性が乏しい場合には，当該のれんが生じた事業年度の費用として処理することができます（企業結合会計基準32）。

また，のれんの償却期間及び償却方法は，その企業結合ごとに取得企業が決定することとされています（適用指針76）。

2．負ののれんの会計処理

負ののれんが生じる理由として，被取得企業の時価よりも低い価額で合併を行うバーゲン・パーチェスが行われることの他，取得原価の配分において，被取得企業から受け入れた資産及び負債の時価の算定に誤りがある場合などが考えられます。したがって，負ののれんが生じる場合には，以下の手順に従って，取得原価の配分手続きを見直した上で会計処理を行います（企業結合会計基準33）。

① すべての識別可能資産及び負債が把握されているか，取得原価の配分が適切に行われているかどうかを見直す。ただし，負ののれんの金額に重要性が

乏しい場合は，見直しを行わずに②の処理を行う。

②　①の見直しを行っても，なお負ののれんが生じている場合には，当該負ののれんが生じた事業年度の利益として処理する。

3．合併後ののれんの取扱い

のれんは有形固定資産と同様に減損会計の対象となるため，合併により生じたのれんについても，減損の兆候が生じていないか判定する必要があります。

なお，被取得企業の時価総額を超えて多額のプレミアムが支払われた場合など，取得原価のうち，のれんやのれん以外の無形固定資産に配分された金額が相対的に多額になるときには，減損の兆候があると判定される場合があるため，注意が必要です（企業結合会計基準109）。

Q2-8 取得企業の資本項目

合併により，取得企業の資本項目はどのようになりますか？

ポイント

- 取得企業が合併の対価として自社の株式を発行した場合は，払込資本（資本金又は資本剰余金）の増加として処理する。
- 払込資本の内訳は，合併契約の定めによる。
- 合併の対価として自己株式を交付した場合，自己株式処分差損益は認識しない。

A

1．新株を発行した場合の会計処理

合併の対価として新株を発行した場合，取得企業は増加すべき株主資本の金額を払込資本（資本金又は資本剰余金）の増加として会計処理を行います（適用指針384）。したがって，取得に該当する場合は，利益剰余金を引き継ぐことはできません。なお，増加すべき株主資本の金額は，合併の対価として発行した新株の時価で測定することとなりますので，取得の対価の算定（Q２－４参照）に準じて算定します。

払込資本の内訳項目について，適用指針では会社法の規定に基づいて決定することとされています（適用指針79）。なお，会社法では，資本金及び準備金に関する事項を合併契約において定めることとされていますので，増加すべき株主資本のうち，資本金及び資本準備金は合併契約により定めた金額とし，残額がある場合にはその他資本剰余金として処理します。

2．自己株式を処分した場合の会計処理

合併の対価として自己株式を交付した場合，自己株式の処分損益は認識せず，増加すべき株主資本の額から処分した自己株式の帳簿価額を控除した額を，払込資本の増加として処理します（適用指針80）。この場合の増加すべき株主資本の額は，上記１．と同様，交付した自己株式の時価で測定します。自己株式の

交付と新株の発行を併用した場合は，自己株式と新株を区別せず，交付した株式の時価の総額が増加すべき株主資本の額となります。

払込資本の内訳についても，上記**1.**の新株の発行と同様，資本金及び資本準備金の額については合併契約書に定めた金額とし，残額がある場合にはその他資本剰余金とします。

3．設　例

【前提条件】

- A社（取得企業）はB社（被取得企業）を吸収合併し，合併の対価として，B社の株主にA社株式を交付している。
- 合併の対価として交付したA社株式400株のうち，300株は新株で，100株は自己株式（帳簿価額は1,000）である。
- 合併期日におけるA社株式の時価は，1株当たり15円である。
- 合併契約書において，A社で増加すべき株主資本の内訳については，資本金1,000，残額を資本剰余金とすることが定められている。
- B社の合併直前の貸借対照表は以下のとおりである。

B社（合併直前貸借対照表）

諸資産	5,000	諸負債	3,000
土地	1,000	資本金	1,000
		資本剰余金	1,000
		利益剰余金	1,000

※　合併時のB社の土地の時価は2,000であり，諸資産及び諸負債の時価は帳簿価額と同額である。

【A社の会計処理】

（借）諸資産	5,000※1	（貸）諸負債	3,000※1
土地	2,000※1	自己株式	1,000※3
のれん	2,000※2	資本金	1,000※4
		資本剰余金	4,000※4

※1　合併時の時価

※２　取得原価6,000（400株×15）と※１の各資産及び負債に配分した金額との差額

※３　処分した自己株式の帳簿価額

※４　増加すべき株主資本の額6,000（400株×15）から処分した※３の自己株式の帳簿価額1,000を控除した残額5,000を払込資本とし，合併契約書の定めにより，資本金1,000と，当該金額を控除した残額を資本剰余金4,000として計上

Q2-9 三角合併の会計処理

合併の対価として親会社の株式を交付する，いわゆる「三角合併」の会計処理を教えてください。

（ポイント）

- 三角合併とは，存続会社が，合併の対価として存続会社の親会社の株式を交付する合併をいう。
- 存続会社では，交付した親会社株式の帳簿価額と当該親会社株式の合併期日における時価との差額を損益に計上する。
- 親会社の連結財務諸表上，存続会社である子会社で計上した親会社株式の交付に係る損益は，自己株式処分差損もしくは自己株式処分差益に振り替える。

A

1．三角合併とは

三角合併とは，存続会社が，合併の対価として存続会社の親会社の株式を交付する合併をいいます。消滅会社の株主は，存続会社の親会社の株式を受け取るため，合併後は当該存続会社の親会社の株主となります。

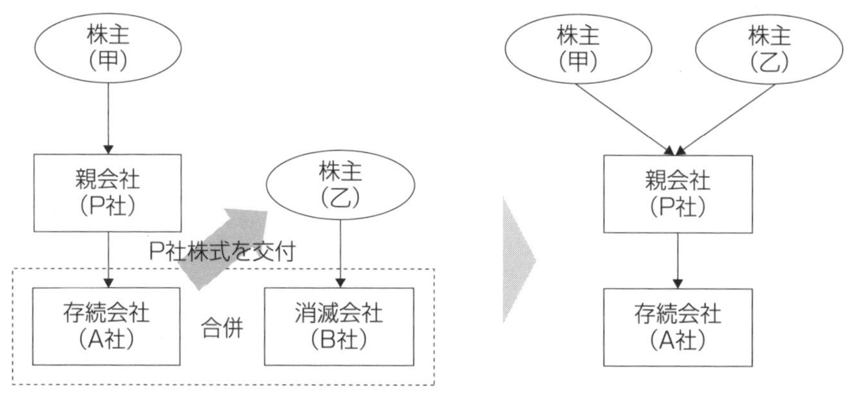

2．存続会社での会計処理

存続会社では，存続会社の株式以外の財産を交付した場合と同様の会計処理を行います。つまり，合併対価として交付した当該親会社株式の時価と，合併期日前日における当該親会社株式の帳簿価額との差額については，その事業年度の損益として処理します（適用指針81，82）。

3．存続会社の親会社での会計処理

存続会社の親会社の連結財務諸表上，存続会社の個別財務諸表上で計上された損益を自己株式処分差損益としてその他資本剰余金に振り替えます（適用指針82）。なお，その他資本剰余金がマイナスとなる場合には，その他資本剰余金を零として，その他利益剰余金の金額から減額します。

4．設　例

【前提条件】

- Ａ社（取得企業）はＢ社（被取得企業）を吸収合併し，合併の対価として，Ａ社の親会社であるＰ社の株式を交付している。
- Ａ社がＢ社株主に交付したＰ社株式は，合併直前における帳簿価額が5,000，合併期日における時価が6,000であった。
- 取得に直接要した支出額はないものとする。
- 合併直前のＡ社，Ｂ社の貸借対照表は以下のとおりである。

Ａ社（合併直前貸借対照表）

諸資産	5,000	諸負債	8,000
親会社株式	5,000	資本金	3,000
土地	5,000	資本剰余金	2,000
		利益剰余金	2,000

※　合併時のＡ社の親会社株式の時価は6,000，土地の時価は8,000であり，諸資産及び諸負債の時価は帳簿価額と同額である。

Ｂ社（合併直前貸借対照表）

諸資産	5,000	諸負債	3,000
土地	1,000	資本金	1,000
		資本剰余金	1,000
		利益剰余金	1,000

※　合併時における土地の時価は2,000であり，諸資産及び諸負債の時価は帳簿価額と同額である。

【Ａ社の会計処理】

(借) 諸資産	5,000※1	(貸) 諸負債	3,000※1
土地	2,000※1	親会社株式	5,000※3
のれん	2,000※2	親会社株式売却益	1,000※4

※１　合併時の時価

※２　取得原価6,000（交付した親会社株式の時価）と※１の各資産及び負債に配分した金額との差額

※３　交付した親会社株式の帳簿価額

※４　交付した親会社株式の時価6,000と帳簿価額5,000との差額

【Ｐ社の会計処理】

Ｐ社の連結財務諸表上，Ａ社を連結する際に以下の調整を行います。

(借) 親会社株式売却益	1,000	(貸) その他資本剰余金（自己株式処分差益）	1,000

Q2-10 逆取得の合併の会計処理

合併で存続する会社ではなく，消滅する会社が取得企業となる合併は，逆取得の合併と呼ばれ，例外的な取扱いとなると聞きました。当該合併の会計処理について教えてください。

ポイント

- 逆取得となる合併とは，合併で存続する会社（存続会社）が被取得企業となり，合併により消滅する会社（消滅会社）が取得企業となる合併をいう。
- 個別財務諸表上，被取得企業である存続会社が消滅会社から取得した資産及び負債は，合併直前の適正な帳簿価額により計上する。
- 合併後の連結財務諸表において，消滅会社を取得企業としてパーチェス法を適用する。
- 連結財務諸表における取得の対価及び増加すべき株主資本の額は，仮に消滅会社が存続会社の株主に対して，逆取得となる合併後の会社に対する実際の議決権比率と同じ比率となるように消滅会社の株式を発行するものと仮定した場合の，その交付株式をもとに算定する（下記「3．存続会社の連結財務諸表上の会計処理」の説明図参照）。

A

1．逆取得の合併とは

合併においては，存続会社が取得企業となるケースが一般的です。しかし，合併により消滅する会社の規模が著しく大きい場合など，消滅会社（消滅会社の株主）が支配を獲得したと考えられる合併が行われるケースもあります。例えば，以下のようなケースです。

【前提条件】

- A社が存続会社，B社が消滅会社となる吸収合併である。
- A社及びB社の発行済株式総数はいずれも100株であり，株主甲，株主乙がそれぞれの発行済株式総数の100％を保有している。

●合併比率は１（A社）：４（B社）であり，株主乙が保有しているB社株１株に対して４株のA社株が割り当てられる。

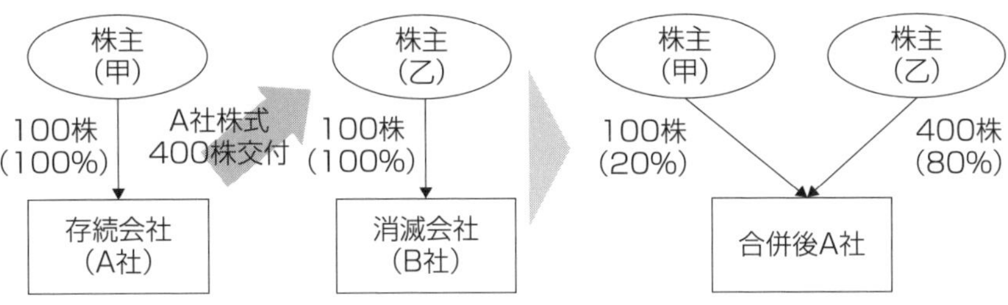

このケースでは，消滅会社であるB社の株主乙が，合併後のA社の議決権の過半数を有することになるため，B社を取得企業と考えます（**Q２―３**取得企業決定の手順を参照）。

このように，消滅会社が取得企業となり，存続会社が被取得企業となる合併を「逆取得の合併」といいます。逆取得の合併では，実態にあった会計処理を行うため，通常の取得の場合と異なる例外的な取扱いが設けられています。

２．存続会社の個別財務諸表上の会計処理

⑴　存続会社が受け入れる資産及び負債の金額

合併が逆取得に該当する場合，個別財務諸表上，存続会社が消滅会社から受け入れる資産及び負債の取得原価は，合併直前の適正な帳簿価額で計上します（企業結合会計基準34）。そして，当該資産及び負債の差額が存続会社での増加すべき株主資本の額となります。

⑵　株主資本の取扱い

増加すべき株主資本の取扱いについては，大きくわけて，①すべてを払込資本とする方法と，②消滅会社の株主資本構成を引き継ぐ方法の２通りがあります。①の方法が原則的な処理ですが，②の方法によることも認められています。

ただし，いずれにしても合併により増加させる資本金及び資本準備金の金額については合併契約書で定める必要があるため，選択した会計処理に沿うよう

に合併契約書の内容を決定しておくこととなります。

① 払込資本とする場合（原則的処理）

増加すべき株主資本の額を払込資本として処理し，払込資本の内訳については，合併契約書の定めに従います。なお，増加すべき株主資本の金額がマイナスになる場合には，払込資本の額をゼロとして，その他利益剰余金のマイナスとして処理します（適用指針84(1)①ア）。

合併の対価として自己株式を交付した場合は，自己株式の帳簿価額を払込資本から減額します（適用指針84(2)①）。また，合併前に消滅会社が自己株式（消滅会社株式）を有している場合や，存続会社が消滅会社株式を有している場合，それらの株式（抱合せ株式等）は，払込資本から減額します（適用指針84-2(1)，84-3(1)）。

【設例①】

〈前提条件〉

- 消滅会社が取得企業となる逆取得の合併である。
- 消滅会社の株主資本は以下のとおりであった。
  資本金：100，資本剰余金：200，利益剰余金：200
- 存続会社は合併の対価として新株と自己株式（簿価150）を交付した。
- 消滅会社は合併前に自己株式（消滅会社の株式）を保有しており，その帳簿価額は100である。
- 合併契約書において，存続会社で増加すべき株主資本のうち，資本金の増加額は100とする旨が定められている。

上記の前提より，消滅会社の株主資本の合計500から，存続会社が交付した自己株式の帳簿価額150と，消滅会社が保有していた自己株式（抱合せ株式等）の帳簿価額100を控除した250が，存続会社で増加すべき株主資本となります。なお，増加すべき資本金の金額は合併契約書により100と定められているため，残額の150を資本剰余金として計上します。原則的処理方法では，存続会社において利益剰余金が増加しない点がポイントです。

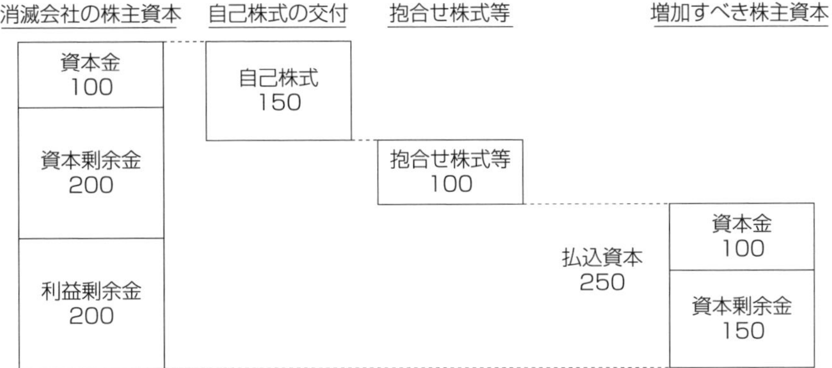

②　消滅会社の株主資本構成を引き継ぐ場合（認められる処理）

合併前の消滅会社の株主資本の構成をそのまま引き継ぐことが認められています。なお，増加すべき株主資本がマイナスになる場合でも，消滅会社の株主資本の構成をそのまま引き継ぎます（適用指針84⑴①イ）。

合併の対価として自己株式を交付した場合は，その他資本剰余金から減額します（適用指針84⑵②）。また，抱合せ株式等についても，その他資本剰余金から減額します（適用指針84−2⑵，84−3⑵）。

【設例②】

前提条件は**【設例①】**と同じですが，消滅会社の株主資本構成を引き継ぐ方法（認められる処理）により会計処理を行います。

認められる処理では，原則として消滅会社の株主資本構成を引き継ぎますが，自己株式の交付や抱合せ株式等がある場合には，資本剰余金の調整を行います。本ケースでは，消滅会社の資本剰余金200から，交付した自己株式の帳簿価額150と，抱合せ株式等の帳簿価額100を減額し，存続会社で計上する資本剰余金は△50となります。なお，存続会社の会計期末においてその他資本剰余金がマイナスとなっている場合には，その他資本剰余金をゼロとし，当該マイナスの金額をその他利益剰余金から減額することとなります。

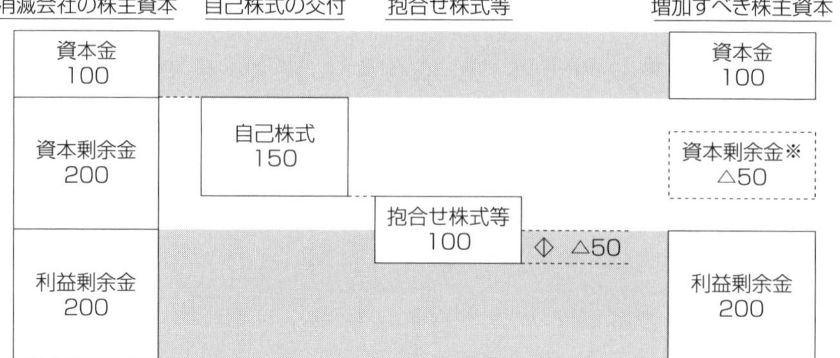

※　会計期末において存続会社のその他資本剰余金がマイナスとなる場合は，当該マイナスの金額をその他利益剰余金から減額します。

3．存続会社の連結財務諸表上の会計処理

逆取得となる合併が行われた後に存続会社が連結財務諸表を作成する場合，消滅会社を取得企業としてパーチェス法を適用します。具体的には，合併の前日における消滅会社の連結財務諸表（連結財務諸表を作成していない場合には個別財務諸表）に，以下の手順で算定された金額を加算します。

(1)　取得原価の算定

逆取得に該当しない通常の合併の場合と同様に，取得原価は取得の対価となる財の合併期日の時価をもって算定します。ただし，取得の対価となる財の時価は，存続会社の株主が合併後の会社に対する実際の議決権比率と同じ比率を保有するのに必要な数の消滅会社の株式を，消滅会社が交付したものとみなして算定します（企業結合会計基準（注１））。

76ページのＡ社がＢ社を吸収合併するケースでみると，合併の対価であるＡ社株式を交付したのはＡ社であり，実際の法形式は次の図のようになっていました（前提は76ページを参照してください）。

【実際の法形式】

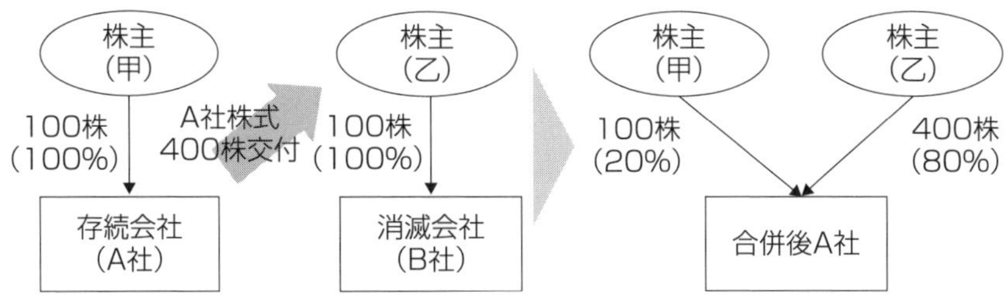

このケースでは，取得の対価となる財の時価の算定上，A社株主甲に対して，取得企業であるB社がB社株式を交付して，A社株主甲が合併後のA社に対する議決権比率20%を保有したものとして考えます。つまり，次の図のようにA社株主甲に対してB社株式25株を交付したものと考え，B社株式25株の時価が取得の対価となります。

【取得原価の算定上の考え方】

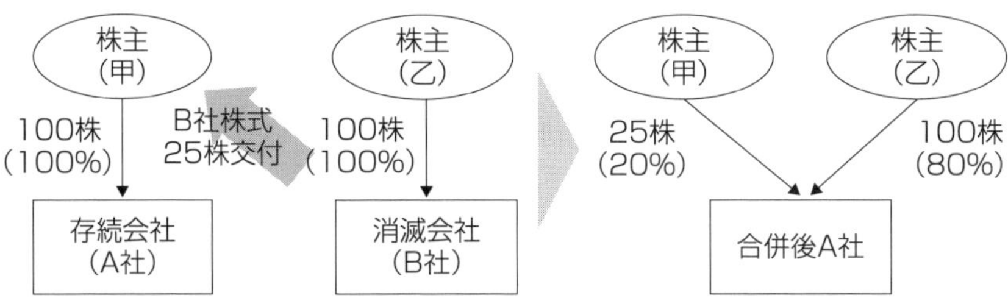

また，消滅会社が合併直前に存続会社の株式を保有していた場合には，合併期日における当該存続会社の株式の時価を，消滅会社が交付したとみなされた株式の時価に合算します。なお，消滅会社が合併前に保有していた存続会社の株式の帳簿価額と，合併期日における時価との差額は，損益として処理します（適用指針85(1)）。

(2)　取得原価の配分

被取得企業である存続会社A社が保有していた資産及び負債に対して，時価を基礎として取得原価を配分します（取得原価の配分の手続きについては，**Q**

2—6を参照してください)。

⑶　増加すべき株主資本の会計処理

「⑴取得原価の算定」で算定された取得の対価を払込資本に加算します。ただし，連結財務諸表上の資本金は存続会社の資本金とし，これと合併直前の連結財務諸表上の資本金（消滅会社の資本金）が異なる場合には，その差額を資本剰余金に振り替えます（適用指針85⑶)。

Q2-11 取得企業の税効果会計

取得に該当する合併を行ったときの税効果会計の会計処理を教えてください。

ポイント

- 取得となる合併の場合において，被取得企業から生じる一時差異等については，取得企業で回収可能性を判断し，繰延税金資産又は繰延税金負債として計上する。
- のれんに対しては税効果を認識しない。
- 税務上非適格合併となる場合に生じる「資産調整勘定（又は差額負債調整勘定)」は，全額を一時差異とする。

A

1．取得日の会計処理

取得となる合併を行った場合，被取得企業から生じる一時差異等については，被取得企業において繰延税金資産又は繰延税金負債を認識していたかどうかにかかわらず，取得企業において将来の事業年度で回収又は支払いが見込まれない場合を除き，繰延税金資産又は繰延税金負債として計上します（適用指針71)。なお，繰延税金資産又は繰延税金負債の計上は，取得原価の配分手続きのなかで行われるため，法人税等調整額は計上されません。

2．一時差異等の内容

被取得企業から生じる一時差異等としては，次のようなものが考えられます。

> ①　取得企業が受け入れた資産又は引き受けた負債の取得原価の配分額と，当該資産又は負債の課税所得計算上の金額（税務上の帳簿価額）との差額
> ②　被取得企業から引き継いだ税務上の繰越欠損金

①については，例えば，税務上適格合併となる場合においては，税務上は被

合併法人（被取得企業）の税務上の帳簿価額を引き継ぎますが，会計上は取得の会計処理を行うことにより時価を基礎として取得原価を配分することになるため，一時差異が生じることとなります。また，税務上非適格合併となる場合においては，税務上も会計上も合併期日の時価で資産及び負債を計上するため，被取得企業から受け入れた資産又は引き受けた負債について，基本的には一時差異は生じませんが，税務上の資産調整勘定（又は差額負債調整勘定）が生じる場合は，その全額を一時差異として扱います。資産調整勘定（又は差額負債調整勘定）は会計上ののれんに相当しますが，資産調整勘定の金額をのれんの税務上の帳簿価額と考えるのではなく，その全額を一時差異として取り扱う点に留意が必要です（適用指針378-３）。

②は，税務上適格合併に該当し，被合併法人（被取得企業）から繰越欠損金を引き継ぐ場合に生じます。適格合併に該当する場合でも，繰越欠損金の引継ぎに制限を受ける場合には，実際に合併法人（取得企業）が引き継ぐ金額のみを一時差異等として扱うこととなります。

３．繰延税金資産の回収可能性

繰延税金資産の回収可能性は，取得企業の収益力に基づく課税所得の十分性等により判断し，合併による影響は，合併があった会計年度から反映させます（適用指針75）。

このため，取得企業における繰延税金資産の回収可能性の判断については以下の点について留意する必要があります。

⑴　合併前

合併による影響は，合併があった会計年度から反映させることとされていますので，合併前においては，たとえ合併が見込まれていたとしても，当該合併により取得する事業から生じる課税所得を基礎として，繰延税金資産の回収可能性を判断することはできません。

(2) 合併後

合併後において，合併により取得した事業から生じる将来年度の課税所得の見積額による繰延税金資産の回収可能性を過去の業績等に基づいて判断する場合には，取得した企業（又は事業）に係る過年度の業績等を取得企業の既存事業に係るものと合算した上で課税所得を見積ることとなります（適用指針75）。

４．合併に伴い受け入れた子会社株式に係る税効果

取得となる合併に伴って，被取得企業から受け入れた子会社株式に係る一時差異のうち，受け入れたときに会計上の損益及び課税所得（又は繰越欠損金）に影響を与えないものについては，税効果は，認識しないこととされています（個別財務諸表における税効果会計に関する実務指針24-２）。ただし，当該取扱いは，受入時から生じていた一時差異に限りますので，合併後に子会社株式を減損処理するなどして生じた一時差異については，通常の一時差異と同様に税効果を認識します。

５．のれんに係る税効果

取得の会計処理上生じたのれんは，取得原価の配分残余にすぎませんので，当該のれん（又は負ののれん）に対しては税効果を認識しません（適用指針72）。

Q2-12 共通支配下の取引等の会計処理

共通支配下の取引等の会計処理が適用される範囲とその会計処理の概要を教えてください。

(ポイント)

- 共通支配下の取引等には，「共通支配下の取引」と「非支配株主との取引」の２類型の会計処理がある。
- 共通支配下の取引として会計処理がなされる場合としては，合併当事企業のすべてが，合併の前後で同一の株主により最終的に支配され，かつ，その支配が一時的ではない場合が該当する。
- 共通支配下の取引は存続会社において，消滅会社の適正な帳簿価額を基礎とした会計処理を行う。
- 非支配株主との取引は，企業集団の最上位に位置する親会社が子会社を合併する場合において，存続会社である親会社と消滅会社である子会社の非支配株主との取引について適用される。
- 非支配株主との取引は存続会社において，時価を基礎とした会計処理を行う。

A

１．共通支配下の取引

⑴ 適用範囲

共通支配下の取引として会計処理がなされる場合としては，親会社と子会社との合併や親会社の支配下にある子会社同士の合併など，合併当事企業のすべてが，合併の前後で同一の株主により最終的に支配され，かつ，その支配が一時的ではない場合が該当します（企業結合会計基準16）。

なお，この場合の「同一の株主」には，次の２点に留意する必要があります（適用指針201，202）。

① 支配の主体である「同一の株主」には，企業に限定されず個人も含まれます。

② 「同一の株主」により支配されている会社の判定にあたっては，ある株主と緊密な者及び同意している者が保有する議決権をあわせて，合併当事企業のすべてが，合併の前後で同一の株主により最終的に支配されているかを実質的に判定します。

また，関連会社との合併については，関連会社が特定の株主に支配されているものではありませんので，共通支配下の取引には該当しません。

(2) 会計処理の概要

共通支配下の取引の会計処理は，存続会社において消滅会社の適正な帳簿価額を基礎とした会計処理を行います。この場合の適正な帳簿価額とは，その合併が親会社と子会社との合併であるか又は親会社の支配下にある子会社同士の合併であるかによって，次のとおりとなります（企業結合会計基準41，注9）。

合併の形態	存続会社で計上する資産負債の帳簿価額
親子間合併	連結財務諸表上の帳簿価額（連結上の簿価）
兄弟間合併	個別財務諸表上の帳簿価額（個別上の簿価）

なお，親子間合併において，親会社が連結財務諸表を作成していないことにより，「連結財務諸表上の帳簿価額」が算定されていない場合であっても，「連結財務諸表上の帳簿価額」を合理的に算定できるときは，当該帳簿価額を用いることとし，「連結財務諸表上の帳簿価額」を合理的に算定することが困難と認められるときは，子会社の適正な帳簿価額を用いることになります（適用指針207-2）。

また，兄弟間合併（子会社同士の合併）では，子会社（存続会社）は，他の子会社（消滅会社）の適正な帳簿価額により資産及び負債を受け入れることになります。親会社が子会社を吸収合併する場合と異なり，存続会社は「連結財務諸表上の帳簿価額」ではなく，「個別財務諸表上の帳簿価額」を基礎として会計処理を行うこととなります（適用指針247，439）。

2．非支配株主との取引

⑴ 適用範囲

非支配株主との取引は，企業集団の最上位に位置する親会社が子会社を合併する場合において，存続会社である親会社と消滅会社である子会社の非支配株主との取引について適用されます（企業結合会計基準120）。したがって，子会社が孫会社と合併する場合や子会社同士が合併する場合には適用されません。

⑵ 会計処理の概要

企業集団の最上位に位置する親会社が合併の対価として非支配株主に親会社の株式を交付した場合には，その交付した親会社の株式の時価により払込資本を増加させることになります（適用指針206）。

Q2-13 親会社が子会社を合併する場合の会計処理（親会社が連結財務諸表を作成していない場合）

企業集団の最上位の親会社が子会社を合併する場合の会計処理を教えてください。

なお，親会社は連結財務諸表を作成しておりません。

ポイント

- 存続会社である親会社は，消滅会社である子会社の資産及び負債を合併期日前日の適正な帳簿価額により計上する。
- 親会社が保有する子会社株式（抱合せ株式）の帳簿価額と，子会社の株主資本のうち親会社持分相当額との差額は，抱合せ株式消滅差損益として処理する。
- 親会社が合併の対価として親会社株式を非支配株主に交付した場合には，その交付した親会社株式の時価により払込資本を増加させ，子会社の株主資本のうち非支配株主持分相当額との差額をその他資本剰余金として処理する。

A　1．具体例

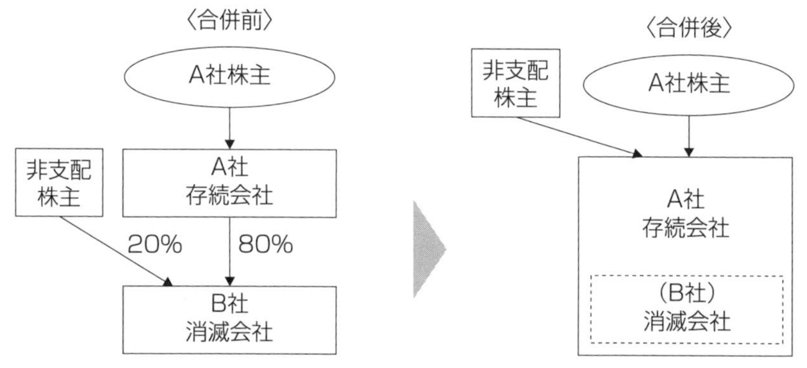

【貸借対照表】

Ａ社（合併直前貸借対照表：X2/３/31）

諸資産	10,000	諸負債	8,000
Ｂ社株式	6,000	純資産	8,000

※　Ａ社はX1/３/31にＢ社株式の80％を6,000で取得し，子会社としている。

※　Ａ社は連結財務諸表を作成していない。

Ｂ社（合併直前貸借対照表：X2/３/31）

諸資産	5,000	諸負債	2,000
土地	1,000	純資産	4,000

【合併対価】

Ａ社がＢ社の非支配株主に交付した合併対価はＡ社株式のみとし，その時価は1,500とする。

２．合併処理

上記**１**．の前提のもと，X2/４/１にＡ社がＢ社を合併した場合のＡ社の会計処理は以下のとおりとなります（適用指針206）。

【Ａ社持分】

（借）諸資産（80％）	4,000※1	（貸）諸負債（80％）	1,600※1
土地（80％）	800※1	Ｂ社株式	6,000※2
抱合せ株式消滅差損	2,800※2		

【非支配株主持分】

（借）諸資産（20％）	1,000※1	（貸）諸負債（20％）	400※1
土地（20％）	200※1	払込資本	1,500※3
その他資本剰余金	700※3		

※１　存続会社であるＡ社が消滅会社であるＢ社から受け入れる資産及び負債は，合併期日前日における適正な帳簿価額により計上します。この際，Ｂ社の資産及び負債をその持分比率により，Ａ社持分相当額と非支配株主持分相当額とに按分します。

※2　X2/３/31におけるＡ社のＢ社持分3,200と，Ｂ社株式の帳簿価額6,000との差額を，抱合せ株式消滅差損2,800として，特別損益に計上します。

※3　Ａ社が合併の対価として交付したＡ社株式の時価1,500を払込資本とし，受け入れた資産及び負債の非支配株主持分相当額800との差額をその他資本剰余金700として処理します。

3．完全親子会社関係にある親子合併の場合

親会社が子会社の株式の全てを有している場合において，親会社を存続会社とする合併が行われたときは，非支配株主が存在せず，合併対価が交付されないことから払込資本は増加しません。したがって，親会社においては消滅会社である子会社の適正な帳簿価額による資産及び負債と，子会社株式の帳簿価額との差額を，全て抱合せ株式消滅差損益として処理することになります。

Q2-14 親会社が子会社を合併する場合の会計処理（親会社が連結財務諸表を作成している場合）

Q２―13の具体例を前提に，企業集団の最上位の親会社が連結財務諸表を作成している場合の会計処理を教えてください。

（ポイント）

- 存続会社である親会社の個別財務諸表上，消滅会社である子会社の資産及び負債を合併期日前日の連結財務諸表上の適正な帳簿価額により計上する。
- 存続会社である親会社の個別財務諸表上，抱合せ株式及び非支配株主との取引に係る会計処理のポイントは，Q2―13と同様。
- 存続会社である親会社の連結財務諸表上，抱合せ株式消滅差損益は利益剰余金と相殺消去する。

A

1．具体例

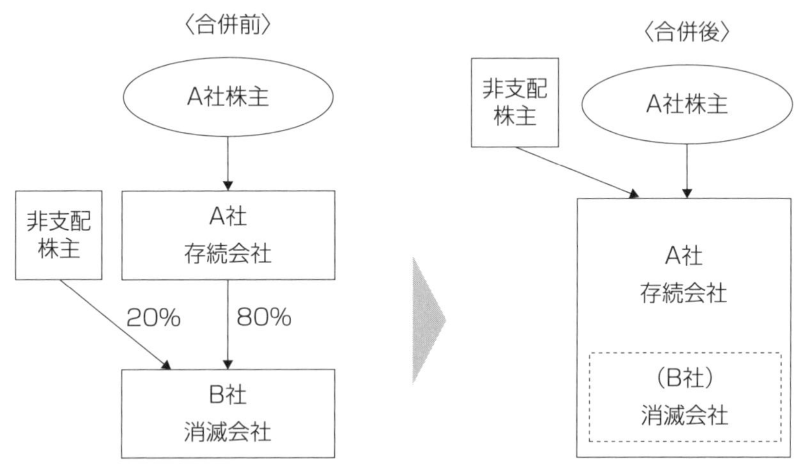

【A社の個別貸借対照表】

A社（合併直前個別貸借対照表：X2/３/31）

諸資産	10,000	諸負債	8,000
B社株式	6,000	純資産	8,000

※　A社はX1/３/31にB社株式の80%を6,000で取得し，子会社としている。

【B社の個別貸借対照表】

B社（合併直前個別貸借対照表：X2/３/31）

諸資産	5,000	諸負債	2,000
土地	1,000	純資産	4,000

※　B社のX1/３/31における土地の時価は3,000であり，X2/３/31においても同様である。

※　B社のX2/３/31における当期純利益は1,000である。

【A社の連結貸借対照表】

A社（合併直前連結貸借対照表：X2/３/31）

諸資産	15,000	諸負債	10,000
土地	3,000	純資産	8,400
のれん	1,600	非支配株主持分	1,200

【合併対価】

A社がB社の非支配株主に交付した合併対価はA社株式のみとし，その時価は1,500とする。

2．個別財務諸表上の合併処理

上記１．の前提のもと，X2/４/１にA社がB社を合併した場合のA社の個別財務諸表上の会計処理は以下のとおりとなります（適用指針206，207）。

【A社持分】

（借）諸資産（80%）	4,000※1	（貸）諸負債（80%）	1,600※1
土地（80%）	2,400※1	B社株式	6,000※3
のれん	1,600※2	抱合せ株式消滅差益	400※3

【非支配株主持分】

(借)		(貸)	
諸資産（20%）	1,000※1	諸負債（20%）	400※1
土地（20%）	600※1	払込資本	1,500※4
その他資本剰余金	300※4		

※１　存続会社であるＡ社が消滅会社であるＢ社から受け入れる資産及び負債は，合併期日前日における連結財務諸表上の適正な帳簿価額により計上します。この際，Ｂ社の資産及び負債をその持分比率により，Ａ社持分相当額と非支配株主持分相当額とに按分します。

※２　Ａ社の連結財務諸表上におけるのれんの未償却残高1,600は，合併にあたりＡ社の個別財務諸表に引き継がれます。

※３　X2/３/31におけるＡ社のＢ社持分6,400（のれんの未償却残高1,600を含む）と，Ｂ社株式の帳簿価額6,000との差額を，抱合せ株式消滅差益400として，特別損益に計上します。

※４　Ａ社が合併の対価として交付したＡ社株式の時価1,500を払込資本とし，受け入れた資産及び負債の非支配株主持分相当額1,200との差額をその他資本剰余金300として処理します。

【参考：連結処理】

〈Ｂ社の個別貸借対照表〉

Ｂ社（個別貸借対照表：X1/３/31）

諸資産	4,000	諸負債	2,000
土地	1,000	純資産	3,000

※　土地の時価は3,000である。

〈連結開始仕訳〉

(借)		(貸)	
土地	2,000※1	評価差額	2,000
純資産	3,000	Ｂ社株式	6,000
評価差額	2,000	非支配株主持分	1,000※3
のれん	2,000※2		

※１　3,000（土地：時価）－1,000（土地：簿価）＝2,000

※２　6,000（Ｂ社株式：簿価）－4,000（X1/３/31：Ｂ社のＡ社持分（80%）の時価）＝2,000

※３　1,000（X1/３/31：Ｂ社の非支配株主持分（20%）の時価）

〈親会社株式に帰属する当期純利益の非支配株主持分への振替及びのれんの償却仕訳〉

(借)		(貸)	
非支配株主に帰属する当期純利益	200※1	非支配株主持分	200
のれん償却	400※2	のれん	400

※1　1,000（B社：当期純利益）×20％＝200
※2　2,000÷５年（のれんは５年で償却するものとする）＝400

〈連結精算表〉

A社のX2/３/31の連結貸借対照表の作成にあたって，連結精算表を示すと以下のとおりとなる。

勘定科目	A社	B社	小計	連結開始仕訳	連結１年目の処理	合計
諸資産	10,000	5,000	15,000			15,000
B社株式	6,000		6,000	▲6,000		0
土地		1,000	1,000	2,000		3,000
のれん				2,000	▲400	1,600
合計	16,000	6,000	22,000	▲2,000	▲400	19,600
諸負債	8,000	2,000	10,000			10,000
純資産	8,000	4,000	12,000	▲3,000	▲600	8,400
非支配株主持分				1,000	200	1,200
合計	16,000	6,000	22,000	▲2,000	▲400	19,600

３．連結財務諸表上の合併処理

合併が行われた後も存続会社であるA社が，連結財務諸表を作成する場合には，A社の連結財務諸表上，抱合せ株式消滅差益400は過年度の利益剰余金として認識済みの損益であるため，利益剰余金と相殺消去します（適用指針208）。これはB社の取得後剰余金800（1,000×80％）からのれん償却額400を控除した金額と，抱合せ株式消滅差益400が一致します。

Q2-15 子会社が孫会社を合併する場合の会計処理

子会社が孫会社を合併する場合の会計処理を教えてください。

なお，企業集団の最上位の親会社は，連結財務諸表を作成しておりません。

ポイント

- 存続会社となる子会社が消滅会社となる孫会社の非支配株主に合併の対価を交付する取引は，「非支配株主との取引」に該当しないため，孫会社から受け入れる資産及び負債の帳簿価額を基礎として払込資本を増加させる。
- その他のポイントはＱ２—13と同様に，子会社は孫会社の資産及び負債を合併期日前日の適正な帳簿価額により計上し，子会社が保有する孫会社株式（抱合せ株式）の帳簿価額と，孫会社の純資産のうち子会社持分相当額との差額は，抱合せ株式消滅差損益として処理する。

A

1．具体例

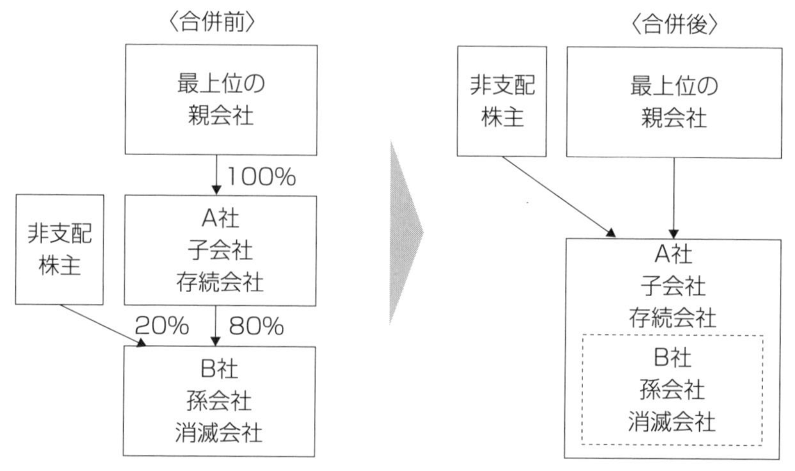

【貸借対照表】

A社（合併直前貸借対照表：X2/3/31）

諸資産	10,000	諸負債	8,000
B社株式	6,000	純資産	8,000

※　A社はX1/3/31にB社株式の80％を6,000で取得し，子会社としている。

※　A社の親会社は連結財務諸表を作成していない。

B社（合併直前貸借対照表：X2/3/31）

諸資産	5,000	諸負債	2,000
土地	1,000	純資産	4,000

【合併対価】

A社がB社の非支配株主に交付した合併対価はA社株式のみとする。

2．合併処理

上記**1．**の前提のもと，X2/4/1にA社がB社を合併した場合のA社の会計処理は以下のとおりとなります（適用指針206）。

なお，結論として，非支配株主持分のうち増加すべき株主資本をB社の適切な帳簿価額を基礎とする点以外は，**Q2―13**と同様の会計処理となります。

【A社持分】

（借）諸資産（80％）	4,000※1	（貸）諸負債（80％）	1,600※1
土地（80％）	800※1	B社株式	6,000※2
抱合せ株式消滅差損	2,800※2		

【非支配株主持分】

（借）諸資産（20％）	1,000※1	（貸）諸負債（20％）	400※1
土地（20％）	200※1	払込資本	800※3

※1　存続会社であるA社が消滅会社であるB社から受け入れる資産及び負債は，合併期日前日における適正な帳簿価額により計上します。この際，B社の資産及び負債をその持分比率により，A社持分相当額と非支配株主持分相当額とに按分します。

※２　X2/３/31におけるＡ社のＢ社持分3,200と，Ｂ社株式の帳簿価額6,000との差額を，抱合せ株式消滅差損2,800として，特別損益に計上します。

※３　Ａ社が合併の対価としてＢ社の非支配株主にＡ社株式を交付する取引は，企業集団の最上位の親会社が行う取引ではないため，「非支配株主との取引」に該当しません。したがって，Ａ社の増加すべき株主資本の額は，Ｂ社の適正な帳簿価額800（4,000×20％）を基礎とし，これを払込資本とします。

3．子会社が孫会社の株式を全て有している場合の合併処理

子会社が孫会社の株式の全てを有している場合において，子会社を存続会社とする合併が行われたときは，非支配株主が存在せず，合併対価が交付されないことから払込資本は増加しません。したがって，子会社においては消滅会社である孫会社の適正な帳簿価額による資産及び負債と，孫会社株式の帳簿価額との差額を，全て抱合せ株式消滅差損益として処理することになります。

Q2-16 子会社が親会社を合併（逆さ合併）する場合の会計処理

子会社が企業集団の最上位の親会社を合併する場合の会計処理を教えてください。

なお，親会社は連結財務諸表を作成しておりません。

ポイント

- 子会社が存続会社となり，親会社が消滅会社となる合併は，共通支配下の取引に該当する。
- 存続会社である子会社は消滅会社である親会社の資産負債を合併期日前日の適正な帳簿価額により計上する。
- 消滅会社である親会社が所有していた子会社株式は，存続会社である子会社において自己株式として株主資本から控除する。
- 存続会社となる子会社の増加すべき株主資本は，原則として払込資本として処理する。ただし，消滅会社である親会社の株主資本の構成をそのまま引き継ぐ処理も認められる。

1．具体例

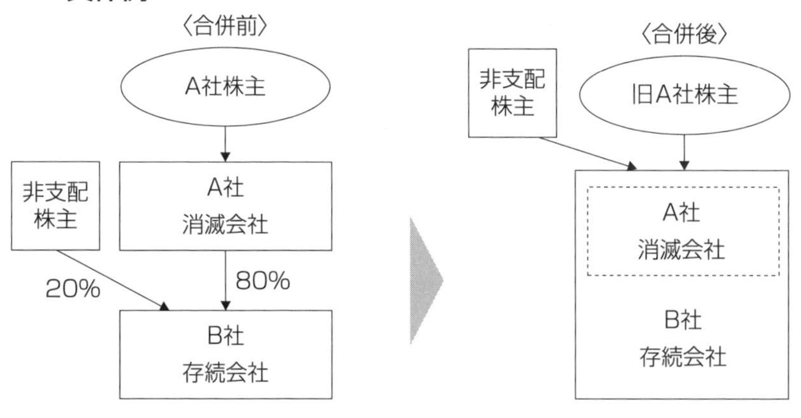

【貸借対照表】

A社（合併直前貸借対照表：X2/３/31）

諸資産	10,000	諸負債	8,000
B社株式	6,000	純資産	8,000

※　A社はX1/３/31にB社株式の80%を6,000で取得し，子会社としている。

※　A社は連結財務諸表を作成していない。

B社（合併直前貸借対照表：X2/３/31）

諸資産	5,000	諸負債	2,000
土地	1,000	純資産	4,000

【合併対価】

B社がA社株主に交付した合併対価はB社株式のみとする。

２．合併処理

上記１．の前提のもと，X2/４/１にB社がA社を合併した場合の会計処理は以下のとおりとなります（適用指針210）。

（借）諸資産	10,000※1	（貸）諸負債	8,000※1
B社株式	6,000※1	払込資本	8,000※2
自己株式	6,000※3	B社株式	6,000※3

※1　存続会社であるB社（子会社）が消滅会社であるA社（親会社）から受け入れる資産負債は，合併期日前日における適正な帳簿価額により計上します。

※2　B社（子会社）において移転を受けた資産及び負債の差額は純資産として処理します。具体的にはB社の増加すべき株主資本の額は，原則として払込資本とし，その内訳項目は合併契約書の定めに従い，資本金，資本準備金又はその他資本剰余金として処理します。なお，消滅会社の株主資本の構成をそのまま引き継ぐ処理を選択することもできます。

※3　B社（子会社）はA社（親会社）が所有していたB社株式（子会社株式）を自己株式として株主資本から控除します。

Q2-17　同一の株主に支配されている子会社同士が合併する場合の会計処理（合併対価が株式のみの場合）

同一の株主（親会社）に支配されている子会社同士（兄弟会社同士）が合併する場合の会計処理を教えてください。

なお，子会社間における直接の株式の保有関係はなく，合併対価は存続会社となる子会社の株式のみを予定しています。

ポイント

- 存続会社となる子会社は，消滅会社となる他の子会社の資産及び負債を合併期日前日の個別財務諸表上の適正な帳簿価額により計上する。
- 存続会社となる子会社が合併の対価として消滅会社となる他の子会社の株主に子会社株式を交付した場合の増加資本は，消滅会社となる他の子会社から受け入れる資産及び負債の適正な帳簿価額を基礎として算定する。
- 存続会社となる子会社の増加すべき株式資本は，原則として払込資本として処理する。ただし，消滅会社の株主資本の構成をそのまま引き継ぐ処理も認められる。
- 同一の株主には企業以外に，個人も含まれる。

1．具体例

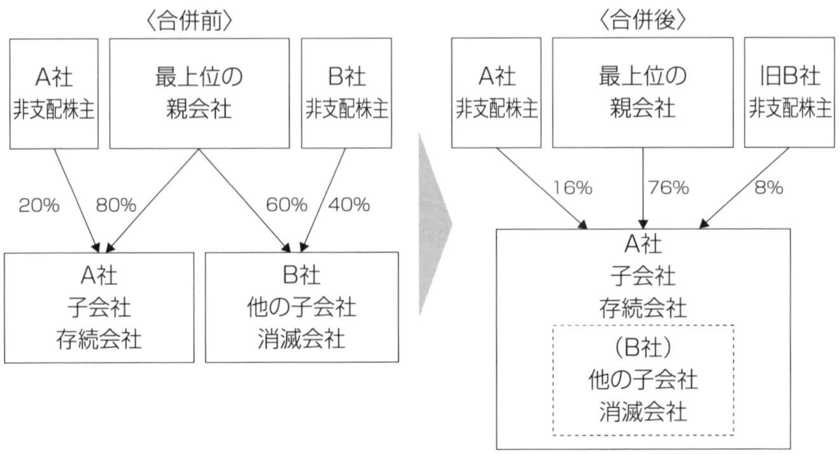

【貸借対照表】

A社（合併直前貸借対照表：X2/３/31）

諸資産	40,000	資本金	10,000
		利益剰余金	30,000

B社（合併直前貸借対照表：X2/３/31）

諸資産	8,000	資本金	2,000
		利益剰余金	6,000

【合併対価】

A社がB社の株主に交付した合併対価はA社株式のみとする。

【増加すべき株主資本の額】

A社において増加すべき株主資本の額は払込資本とし，その内訳項目は合併契約書において，資本金として1,000，残額は資本準備金とされている。

【参考：資本関係の推移】

A社の企業価値は40,000，B社の企業価値は10,000として，合併比率を算定している。

株主	合併前				A社株式の割当 合併比率 1：0.25	合併後	
	A社		B社			A社	
親会社	80株	80%	60株	60%	15株	95株	76%
A社非支配株主	20株	20%				20株	16%
B社非支配株主			40株	40%	10株	10株	8%
合計	100株	100%	100株	100%	25株	125株	100%

2．合併処理

上記**1．**の前提のもと，X2/4/1にA社がB社を合併した場合のA社の会計処理は以下のとおりとなります（適用指針247）。

(借) 諸資産	8,000※1	(貸) 資本金	1,000※2
		資本準備金	7,000※2

※1　受け入れた資産（負債）は合併期日前日に消滅会社である他の子会社B社において付された個別財務諸表上の適正な帳簿価額により計上します。

※2　増加する株主資本の内訳項目は，払込資本8,000（消滅会社である他の子会社B社の適切な帳簿価額による株主資本の額）を合併契約書の定めに従い，資本金を1,000，資本準備金を7,000として処理します。なお，消滅会社の株主資本の構成をそのまま引き継ぐ処理を選択することもできます。

なお，上記**1．**の具体例における最上位の親会社が個人である場合にも，存続会社となるA社の会計処理は，原則として上記のとおり処理をすることになります（適用指針254）。

3．完全親子関係にある子会社同士の合併の場合

完全親子関係にある子会社同士の合併が行われた場合において，合併対価として存続会社である子会社の株式を親会社（消滅会社である他の子会社の株主）へ交付したときは，上記**2．**のとおり，受入処理を行います。一方で，このようなケースでは合併対価を交付したとしても，親会社と子会社（存続会社）の間の持株割合に変化はなく，合併対価を交付する必要性がありません。

実務上このようなケースにおいては，いわゆる無対価合併が行われており，この場合における存続会社の増加すべき株主資本の額は，消滅会社の資本金及び資本剰余金をその他資本剰余金とし，消滅会社の利益剰余金はその他利益剰余金として受入処理を行うことになります（適用指針437-2)。

Q2-18 同一の株主に支配されている子会社同士が合併する場合の会計処理（抱合せ株式がある場合，株式以外の合併対価がある場合）

同一の株主（親会社）に支配されている子会社同士（兄弟会社同士）の合併にあたり，存続会社である子会社が消滅会社である他の子会社の株式を有している場合（抱合せ株式がある場合）及び合併対価に存続会社の株式以外の財産がある場合の取扱いを教えてください。

ポイント

- 存続会社となる子会社が消滅会社となる他の子会社の株式を有している場合には，その子会社株式の帳簿価額を増加する株主資本の調整項目とし，抱合せ株式消滅差損益は認識しない。
- 合併対価が現金等の財産のみである場合には，株主資本の額は増加せず，受け入れた資産及び負債の適正な帳簿価額と合併の対価として支払った現金等の財産の差額をのれん（又は負ののれん）として処理する。
- 合併対価が存続会社の株式と現金等の財産の場合には，消滅会社の株主資本の額がプラスであるかマイナスであるかに応じた処理を行う。

A

1．子会社同士に直接の株式の保有関係がある場合

存続会社となる子会社が消滅会社となる他の子会社の株式（抱合せ株式）を関連会社株式又はその他有価証券として有している場合において，存続会社が合併対価として新株を発行したときの増加すべき株主資本の会計処理は，次のいずれかにより処理します（適用指針247）。

(1) 増加する株主資本を払込資本とした場合

消滅会社の株主資本の額から抱合せ株式の適正な帳簿価額を控除した金額を払込資本の増加として（当該差額がマイナスとなる場合には，その他利益剰余

金の減少として）処理します。

（借）諸資産（簿価）	××	（貸）諸負債（簿価）	××
		抱合せ株式（簿価）	××
		払込資本（差額）	××

⑵ 増加する株主資本を消滅会社の株主資本とした場合

消滅会社の株主資本を引き継ぎ，抱合せ株式の適正な帳簿価額をその他資本剰余金から控除します。

（借）諸資産（簿価）	××	（貸）諸負債（簿価）	××
		株主資本（簿価）	××
（借）その他資本剰余金	××	（貸）抱合せ株式（簿価）	××

２．合併対価が現金等の財産のみである場合

合併対価が現金等の財産のみである場合には，株主資本の額は増加せず，受け入れた資産及び負債の適正な帳簿価額と合併の対価として支払った現金等の財産の差額をのれん（又は負ののれん）として処理します（適用指針243）。

（借）諸資産（簿価）	××	（貸）諸負債（簿価）	××
のれん（差額）	××	現金等の財産（簿価）	××

３．合併対価が存続会社の株式と現金等の財産である場合

合併対価が存続会社の株式と現金等の財産である場合には，消滅会社の株主資本の額がプラスであるかマイナスであるかに応じて，次のとおり処理します（適用指針251）。

⑴ 消滅会社の株主資本がプラスである場合

消滅会社の適正な帳簿価額による株主資本の額から，合併対価として支払った現金等の財産の帳簿価額を控除した金額がプラスとなる場合には，その差額を払込資本として処理します。

(借) 諸資産（簿価）	××	(貸) 諸負債（簿価）	××
		現金等の財産（簿価）	××
		払込資本（差額）	××

なお，当該差額（消滅会社の株主資本の額から合併対価である現金等の財産の帳簿価額を控除した金額）がマイナスとなる場合には，払込資本をゼロとし，のれんを計上します。

(借) 諸資産（簿価）	××	(貸) 諸負債（簿価）	××
のれん（差額）	××	現金等の財産（簿価）	××

(2) 消滅会社の株主資本がマイナスである場合

合併対価として支払った現金等の財産の帳簿価額と等しい金額をのれんとして計上し，存続会社の増加すべき株主資本については，払込資本をゼロとして，その他利益剰余金のマイナスとして処理します。

(借) のれん	××	(貸) 現金等の財産（簿価）	××
(借) 諸資産（簿価）	××	(貸) 諸負債（簿価）	××
その他利益剰余金（差額）	××		

Q2-19 債務超過子会社を合併する場合の会計処理

企業集団内で債務超過会社を合併する場合の会計処理を教えてください。

なお，親会社は連結財務諸表を作成しておりません。

ポイント

- 存続会社である親会社は，消滅会社である債務超過の子会社の資産及び負債を合併期日前日の適正な帳簿価額により計上する。
- 親会社が債務超過の子会社を合併する場合，親会社が保有する子会社株式（抱合せ株式）の帳簿価額と，子会社の株主資本のうち親会社持分相当額との差額は，抱合せ株式消滅差損益として処理する。
- 完全親子会社関係にある子会社同士が合併する場合で，かつ，消滅会社が債務超過会社であるため，対価が支払われていない場合，存続する子会社の増加する株主資本の内訳項目は，「消滅会社の株主資本構成を引き継ぐ方法」により，抱合せ株式の額はその他資本剰余金から控除する。

A

1．債務超過会社の合併処理の概要

共通支配下の取引に該当する債務超過会社の合併については，特有の会計処理の定めはなく，基本的には資産超過会社を合併する場合と同様の会計処理を行います。

ただし，存続会社では受け入れた資産と負債の差額がマイナスになるため，合併処理にあたっては，親会社が子会社を合併する場合は特別損失が計上されます。また，子会社同士の合併の場合はマイナスの利益剰余金を引き継ぐ等の処理が行われます。

2. 親会社が子会社を合併する場合の合併処理

(1) 共通支配下の取引の場合

① 具体例

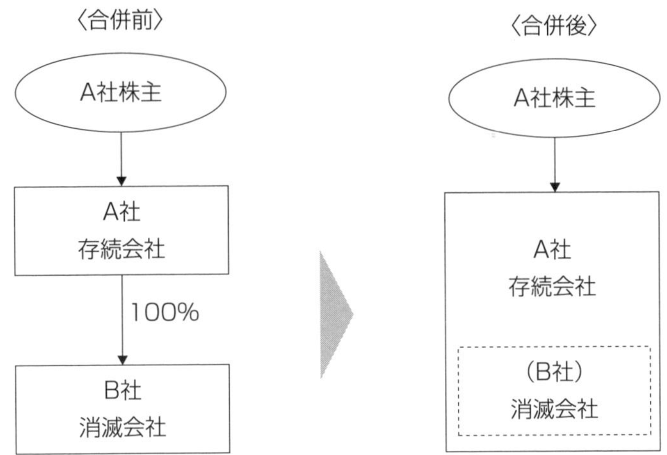

【貸借対照表】

A社（合併直前貸借対照表：X2/３/31）

諸資産	10,000	諸負債	8,000
B社株式	1,000	純資産	3,000

※　A社は連結財務諸表を作成していない。

B社（合併直前貸借対照表：X2/３/31）

諸資産	5,000	諸負債	8,000
		純資産	▲3,000

【合併対価】

A社は合併に際し何らの合併対価も交付しない。

② 合併処理

①の前提のもと，X2/４/１にA社がB社を合併した場合の会計処理は以下のとおりとなります（適用指針206，438）。

(借) 諸資産	5,000※1	(貸) 諸負債	8,000※1
抱合せ株式消滅差損	4,000※2	B社株式	1,000※3

※1　存続会社であるA社が消滅会社であるB社から受け入れる資産及び負債は，合併期日前日における適正な帳簿価額により計上します。

※2　差額

※3　A社が所有するB社株式の帳簿価額

(2)　非支配株主との取引がある場合

(1)について，仮に，B社に非支配株主が存在する場合は，消滅会社の資産と負債の差額のうち，非支配株主持分に相当する金額をその他資本剰余金の減少として処理する方法等が考えられます（適用指針206）。

3．完全親子会社関係にある子会社同士が合併する場合の合併処理

(1)　共通支配下の取引の場合

①　具体例

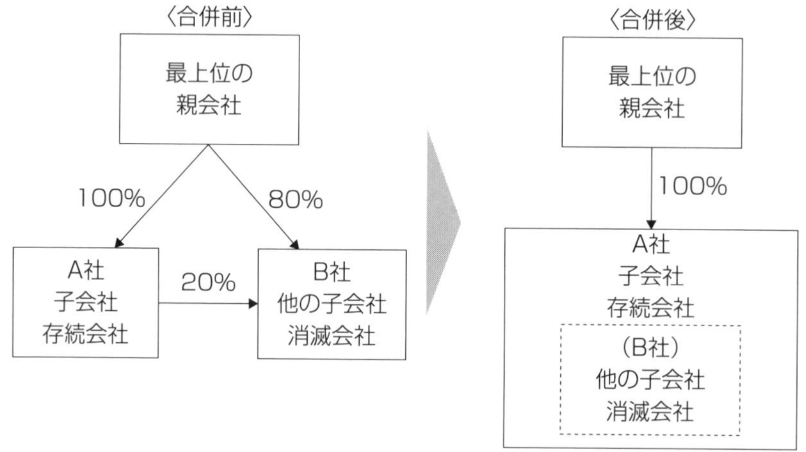

【貸借対照表】

A社（合併直前貸借対照表：X2/３/31）

諸資産	40,000	資本金	10,000
B社株式	2,000	利益剰余金	32,000

B社（合併直前貸借対照表：X2/３/31）

諸資産	4,000	諸負債	8,000
		資本金	2,000
		資本剰余金	2,000
		利益剰余金	▲8,000

【合併対価】

A社は合併に際し何らの合併対価も交付しない。

【増加すべき株主資本の額】

A社において増加すべき株主資本の額は，「消滅会社の株主資本構成を引き継ぐ方法」に準じて処理し，その内訳項目は合併契約書の定めにより，資本金及び資本剰余金はその他資本剰余金とし，利益剰余金はその他利益剰余金とする。

②　合併処理

①の前提のもと，X2/４/１にA社がB社を合併した場合の会計処理は以下のとおりとなります（適用指針247，185，84−２，203−２(1)，437−２）。

(借) 諸資産	4,000※1	(貸) 諸負債	8,000※1
		その他資本剰余金	4,000※2
		その他利益剰余金	▲8,000※2
(借) その他資本剰余金	2,000※3	(貸) B社株式	2,000※3

※１　存続会社であるA社が消滅会社であるB社から受け入れる資産及び負債は，合併期日前日における適正な帳簿価額により計上します。

※２　B社の合併直前の資本金2,000及び資本剰余金2,000の合計額をA社の資本剰余金の変動額4,000とし，B社の合併直前の利益剰余金の額▲8,000をA社の利

益剰余金の変動額▲8,000として処理します。

※3　X2/3/31におけるB社株式の帳簿価額2,000を，その他資本剰余金から控除します。

(2)　非支配株主との取引がある場合

(1)のケースについて，仮に，A社が所有する20％の持分をB社の非支配株主が所有する場合には，B社から受け入れる適正な帳簿価額による資産と負債との差額をのれんとして処理することになると考えられます（適用指針437-2，243）。

Q2-20 共通支配下の取引等における資本項目

共通支配下の取引等の会計処理が行われる場合に，存続会社の増加すべき株主資本の金額及びその内訳の決定方法について教えてください。

(ポイント)

- 存続会社において増加すべき株主資本の額は，消滅会社の簿価純資産価額を基礎として算定し，原則として払込資本として処理する。
- 存続会社において増加すべき株主資本の内訳項目は，合併契約書の定めに従い，資本金，資本準備金，その他資本剰余金として処理する。
- その合併が同一の株主に支配されている子会社同士の合併等である場合において，その合併の対価のすべてが存続会社の株式であるときは，消滅会社の株主資本の金額を引き継ぐ処理を選択することができる。
- 無対価合併の場合における増加すべき株主資本の額は，消滅会社の資本金及び資本剰余金についてはその他資本剰余金とし，消滅会社の利益剰余金についてはその他利益剰余金とする。

A

1．合併の対価の全部又は一部が存続会社の株式である場合

(1)　子会社同士の合併の場合（会社計算規則35①二・②，適用指針247(2)～(3)，251(2)）

その合併が同一の株主に支配されている子会社同士の合併の場合において，その合併の対価の全部又は一部が存続会社の株式であるときは，消滅会社から受け入れた資産及び負債の簿価純資産価額を基礎として，以下のとおり増加すべき株主資本の額を算定します。

消滅会社の簿価純資産価額	−	存続会社が有する消滅会社の株式の帳簿価額（抱合せ株式）	−	現金等の財産を合併対価とした場合のその財産の帳簿価額	−	合併対価として自己株式を交付した場合の帳簿価額

そして，存続会社において増加すべき株主資本の額は，原則として払込資本として処理し，資本金，資本準備金，その他資本剰余金への振替金額は，合併契約書の定めに従います。

(2) 企業集団の最上位にない子会社が孫会社を合併する場合等（会社計算規則35①二・②，適用指針206(3)～(4)）

その合併が企業集団の最上位にない子会社と孫会社との合併に該当する場合又は企業集団の最上位にある親会社とその子会社との合併に該当し，中間子会社（消滅会社となる子会社の株式を保有する他の子会社）に合併の対価の支払いを行う場合において，その合併の対価の全部又は一部が存続会社の株式であるときは，消滅会社から受け入れた資産及び負債の簿価純資産価額のうち，存続会社以外の持分を基礎として，以下のとおり増加すべき株主資本の額を算定します。

消滅会社の簿価純資産価額のうち存続会社以外の持分	−	現金等の財産を合併対価とした場合のその財産の帳簿価額	−	合併対価として自己株式を交付した場合の帳簿価額

そして，存続会社において増加すべき株主資本の額は払込資本として処理し，資本金，資本準備金，その他資本剰余金への振替金額は，合併契約書の定めに従います。

(3) 企業集団の最上位にある親会社が子会社を合併する場合（会社計算規則35①一・②，適用指針206(2)）

その合併が企業集団の最上位にある親会社とその子会社との合併に該当し，

合併の対価を消滅会社となる子会社の非支配株主に交付する場合には，その取引は支配取得にあたる取引として，「非支配株主との取引」に該当しますので，合併対価となる存続会社の株式の時価を基礎として，以下のとおり増加すべき株主資本の額を算定します。

合併対価として交付した存続会社の株式の時価	−	合併対価として自己株式を交付した場合の帳簿価額

そして，存続会社において増加すべき株主資本の金額は払込資本として処理し，資本金，資本準備金，その他資本剰余金への振替金額は，合併契約書の定めに従います。

2．合併の対価のすべてが存続会社の株式である場合（会社計算規則36①，適用指針247(2)〜(3)）

その合併が共通支配下の取引に該当する場合において，その合併の対価の全部が存続会社の株式であるときは，消滅会社から受け入れた資産及び負債の簿価純資産価額を払込資本として処理する方法に代えて，消滅会社の資本金，資本剰余金，利益剰余金をそのまま引き継ぐ処理を選択することができます。

このような処理を選択できる場合としては，同一の株主に支配されている子会社同士の合併等の場合が該当します。なお，その場合において存続会社となる子会社が消滅会社となる他の子会社の株式を直接に保有しているとき又は合併の対価として自己株式を交付するときは，その抱合せ株式の帳簿価額又はその自己株式の帳簿価額をその他資本剰余金の減少として処理することになります。

3．無対価合併の場合（会社計算規則36②，適用指針203—2(1)）

無対価合併の場合における増加すべき株主資本の額は，消滅会社の資本金及び資本剰余金についてはその他資本剰余金とし，消滅会社の利益剰余金についてはその他利益剰余金とします。このような処理が行われる理由としては，会社法上，存続会社が合併に際して株式を発行していない場合には，資本金及び準備金を増加させることは適当ではないと解されているからです（適用指針437−2）。

このような処理が行われる場合としては，完全親子会社関係にある子会社同士の合併の場合において，合併対価の交付を省略した無対価合併の場合が該当します。したがって，完全親子会社間における親子合併のように，合併対価の交付が禁止されている合併は，ここでいう無対価合併には該当しません。

Q2-21 共通支配下の取引等における税効果会計

共通支配下の取引等に該当する合併を行ったときの税効果会計の会計処理を教えてください。

ポイント

- 合併が共通支配下の取引に該当する場合には，存続会社での回収可能性の有無にかかわらず，消滅会社で計上されていた繰延税金資産及び繰延税金負債を，その帳簿価額で引き継ぐ。
- 合併対価として株式以外の財産を交付する場合や，非支配株主との取引に該当する場合に発生するのれんについては，税効果を認識しない。

A

1．合併期日の会計処理

共通支配下の取引に該当する合併を行った場合，消滅会社で認識していた繰延税金資産及び繰延税金負債については，存続会社において回収可能性があるか否かにかかわらず，そのすべてを適正な帳簿価額で引き継ぎます（適用指針　設例35）。

2．一時差異の内容

消滅会社から生じる一時差異としては，①合併前に消滅会社で生じていた一時差異と②合併により生じた一時差異とがあります。

①の一時差異が生じるケースは，合併前の消滅会社の資産及び負債の適正な帳簿価額と，税務上の課税所得計算上の金額（税務上の帳簿価額）との間に差額が生じている場合です。当該一時差異について消滅会社で認識していた繰延税金資産及び繰延税金負債は，その適正な帳簿価額により存続会社が引き継ぐこととなります。なお，合併期日においては，存続会社が引き継ぐ繰延税金資産及び繰延税金負債について，存続会社での回収可能性は考慮されません。したがって，消滅会社で認識されていた繰延税金資産及び繰延税金負債について，存続会社において回収可能性がないと見込まれる場合であっても，そのすべて

を存続会社が引き継ぐこととなります。一方，合併前に消滅会社で生じていた一時差異について，消滅会社で繰延税金資産及び繰延税金負債を認識していなかった場合は，存続会社でも，合併期日においては繰延税金資産及び繰延税金負債を認識しません。ただし，期末においては，当該一時差異について改めて税効果会計を適用し，繰延税金資産及び繰延税金負債の計上の要否を検討することとなりますので，留意が必要です。

②の一時差異が生じるケースは，会計上は共通支配下の取引の会計処理により，消滅会社の資産及び負債をその適正な帳簿価額により引き継ぎ，税務上は非適格合併に該当するため，合併法人（存続会社）において被合併法人（消滅会社）の資産及び負債を時価で受け入れるような場合が考えられます。この場合に生じる一時差異については，合併前の消滅会社で繰延税金資産及び繰延税金負債を認識していないため，合併期日においては，存続会社でも繰延税金資産及び繰延税金負債を認識しません。ただし，期末においては，当該一時差異について改めて税効果会計を適用し，繰延税金資産及び繰延税金負債の計上の要否を検討することとなりますので，留意が必要です。

3．合併後の処理

合併期日において消滅会社から引き継いだ繰延税金資産及び繰延税金負債については，期末時点で改めて回収可能性の検討を行います。この検討の結果，回収可能性がないものと判断される金額については，取崩しの処理を行います。

また，合併日において生じていた一時差異について，繰延税金資産及び繰延税金負債を認識していなかったものについても，その計上の要否を検討することとなります。

4．のれんに係る税効果

合併対価として株式以外の財産を交付する場合や，非支配株主との取引に該当する場合に発生するのれんについては，取得の会計処理と同様に，税効果を認識しません（Q2―11参照）。

Q2-22 共同支配企業の形成の会計処理

共同支配企業の形成の会計処理が適用される場合の要件とその会計処理を教えてください。

(ポイント)

- 独立企業要件，契約要件，対価要件，その他の支配要件の４つを満たす企業結合は，共同支配企業の形成と判定される。
- 共同支配企業（存続会社）においては，受け入れた資産及び負債を合併期日の前日の消滅会社の適正な帳簿価額により計上する。
- 共同支配企業（存続会社）の増加すべき株主資本は，払込資本を増加させる方法又は消滅会社の株主資本構成を引き継ぐ方法のいずれかによる。

A

１．共同支配企業の形成の判定

「共同支配」とは複数の独立した企業が契約等に基づき，ある企業を共同で支配することをいいます（企業結合会計基準８)。「共同支配企業」とは，複数の独立した企業により共同で支配される企業をいい，「共同支配企業の形成」とは，複数の独立した企業が契約等に基づき，当該共同支配企業を形成する企業結合をいいます（企業結合会計基準11)。なお，「共同支配投資企業」とは，共同支配企業を共同で支配する企業をいいます（企業結合会計基準12)。

一般的に資本関係のない独立した企業同士が，それぞれの子会社同士を合併により合弁会社とする場合においては，この共同支配企業の形成の要件に該当することになります。

以下の４つの要件のすべてを満たす合併については，この共同支配企業の形成と判定されます（適用指針175)。

①　独立企業要件

共同支配投資企業は，複数の独立した企業から構成されていること

②　契約要件

共同支配投資企業は，共同支配となる契約等を締結していること

③　対価要件

合併に際して支払われた対価のすべてが，原則として議決権のある株式であること

④　その他の支配要件

①から③以外に支配関係を示す一定の事実が存在しないこと

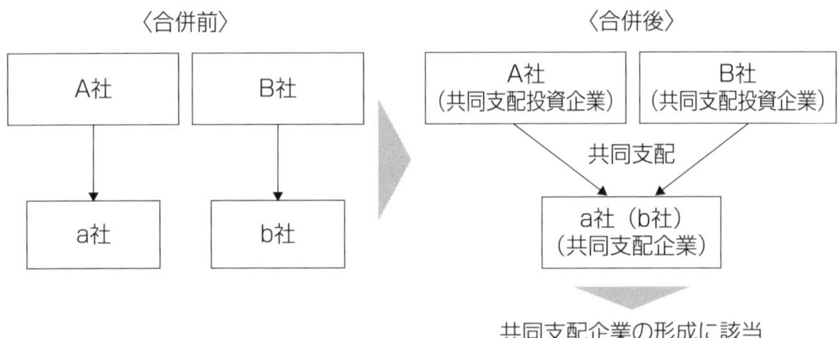

2．共同支配企業の形成の会計処理

親会社を異にした子会社同士の吸収合併における共同支配企業の形成の会計処理は，次のとおりとなります。

(1)　資産及び負債の会計処理

共同支配企業となる存続会社は，受け入れた資産及び負債を合併期日の前日の消滅会社の適正な帳簿価額により計上します（適用指針184）。

(2) 増加すべき株主資本の会計処理

① 原則的な会計処理（払込資本を増加させる方法）

存続会社は消滅会社の合併期日前日の適正な帳簿価額による株主資本の額を払込資本（資本金又は資本剰余金）として処理し，増加すべき株主資本の内訳項目は，会社法の規定に基づき決定します。

なお，消滅会社の合併期日前日の適正な帳簿価額による株主資本の額がマイナスとなる場合等には，払込資本をゼロとし，その他利益剰余金のマイナスとして処理します（適用指針185(1)①）。

(借) 諸資産（簿価）	××	(貸) 諸負債（簿価）	××
		払込資本（差額）	××

② 認められる会計処理（消滅会社の株主資本構成を引き継ぐ方法）

上記①の方法に代えて，その合併が共同支配企業の形成と判定される場合には，合併の対価は原則として自社の株式のみであり，共同支配企業となる存続会社は消滅会社の合併期日の前日の資本金，資本準備金，その他資本剰余金，利益準備金及びその他利益剰余金の内訳科目をそのまま引き継ぐことができます（抱合せ株式等の会計処理を除きます）。

なお，この取扱いは消滅会社の適正な帳簿価額による株主資本の額がマイナスとなる場合も同様です（適用指針185(1)②）。

(借) 諸資産（簿価）	××	(貸) 諸負債（簿価）	××
		資本金（簿価）	××
		資本準備金（簿価）	××
		その他資本剰余金（簿価）	××
		利益準備金（簿価）	××
		その他利益剰余金（簿価）	××

Q2-23 消滅会社の株主の会計処理

合併が行われた場合における消滅会社の株主の会計処理について教えてください。

（ポイント）

- 消滅会社の株主の会計処理は，事業分離等会計基準の定めに従う。
- 消滅会社に対する投資が清算されたとみる場合には，合併対価の時価と消滅会社の株式の帳簿価額との差額について交換損益を計上する。
- 消滅会社に対する投資が継続しているとみる場合には，合併対価となる資産の取得原価は消滅会社の株式の帳簿価額に基づき算定し，交換損益は計上されない。

1．消滅会社に対する投資が清算されたとみる場合（事業分離等会計基準32⑴）

消滅会社の株主が，合併対価として現金等の財産を受け取った場合には，投資が清算されたものとして取り扱います。したがって，消滅会社の株式と引き換えに合併対価として受け取った現金等の財産の時価と，消滅会社の株式の帳簿価額との差額について，交換損益を計上します。

(借) 現金等の財産（時価）	××	(貸) 消滅会社の株式（簿価）	××
		交換損益（差額）	××

2．消滅会社に対する投資が継続しているとみる場合（事業分離等会計基準32⑵）

消滅会社の株主が，合併対価として存続会社の株式のみを受け取った場合には，その引き換えられた存続会社の株式を通じて，消滅会社に対する投資が継続しているものとして取り扱います。したがって，消滅会社の株式と引き換えに合併対価として受け取った存続会社の株式の取得原価は，消滅会社の株式の帳簿価額に基づき算定し，交換損益は計上されません。

(借) 存続会社の株式（簿価）	××	(貸) 消滅会社の株式（簿価）	××

3．会計処理のまとめ

(1) 合併対価が現金等の財産のみである場合

消滅会社	存続会社	消滅会社の株主の会計処理	適用指針
子会社	子会社	交換損益を計上する	268項
	関連会社 その他	交換損益を計上する	269項(1)
関連会社 その他	子会社 関連会社 その他	交換損益を計上する	270項(1)

(2) 合併対価が存続会社の株式のみである場合

消滅会社	存続会社	消滅会社の株主の会計処理	適用指針
子会社	子会社	交換損益を計上しない	273項(1)又は274項
	関連会社	交換損益を計上しない	275項(1)
	その他	交換損益を計上する	276項(1)
関連会社	子会社	交換損益を計上しない	279項(1)
	関連会社	交換損益を計上しない	277項(1)
	その他	交換損益を計上する	278項(1)
その他	子会社	交換損益を計上しない	281－2項(1)
	関連会社	交換損益を計上しない	281項(1)
	その他	交換損益を計上しない	280項

(3) 合併対価が現金等の財産と存続会社の株式である場合

<table>
<tr><th>消滅会社</th><th>存続会社</th><th colspan="2">消滅会社の株主の会計処理</th><th>適用指針</th></tr>
<tr><td rowspan="5">子会社</td><td rowspan="2">子会社</td><td>現金等の財産
＞
消滅会社株式
の簿価</td><td>• 現金等の財産と消滅会社株式の簿価との差額は，交換利益を計上する
• 存続会社株式の取得原価はゼロ</td><td rowspan="2">282項(1)</td></tr>
<tr><td>現金等の財産
＜
消滅会社株式
の簿価</td><td>• 現金等の財産と消滅会社株式の簿価との差額は，存続会社株式の取得原価</td></tr>
<tr><td rowspan="2">関連会社</td><td>現金等の財産
＞
消滅会社株式
の簿価</td><td>• 現金等の財産と消滅会社株式の簿価との差額は，交換利益を計上する
• 存続会社株式の取得原価はゼロ</td><td rowspan="2">282項(2)</td></tr>
<tr><td>現金等の財産
＜
消滅会社株式
の簿価</td><td>• 現金等の財産と消滅会社株式の簿価との差額は，存続会社株式の取得原価</td></tr>
<tr><td>その他</td><td colspan="2">交換損益を計上する</td><td>282項(3)</td></tr>
<tr><td rowspan="2">関連会社</td><td rowspan="2">関連会社</td><td>現金等の財産
＞
消滅会社株式
の簿価</td><td>• 現金等の財産と消滅会社株式の簿価との差額は，交換利益を計上する
• 存続会社株式の取得原価はゼロ</td><td rowspan="2">283項(1)</td></tr>
<tr><td>現金等の財産
＜
消滅会社株式
の簿価</td><td>• 現金等の財産と消滅会社株式の簿価との差額は，存続会社株式の取得原価</td></tr>
</table>

その他	その他	• 金融商品会計基準に準じて処理する • 存続会社の株式は残存部分とし，現金等の時価と消滅部分の簿価との差額を損益として処理する	284項

第3章

合併の税務

Q3-1 税制の全体像

合併に関する税制の全体像について教えてください。

ポイント

- 合併をする場合には，原則として被合併法人の移転資産・負債を時価で譲渡するものとして取り扱う（非適格合併）。
- 企業グループ内の合併など，一定の要件を満たす場合には，被合併法人の移転資産・負債は帳簿価額を引き継ぐ（適格合併）。
- 被合併法人，合併法人，被合併法人の株主における課税関係を整理しておく必要がある。

A

1．合併税制の概要

合併に関する税制は，平成12年の商法改正を受けて，平成13年度税制改正において組織再編税制として整備されました。

合併をする場合，原則的には，被合併法人の資産・負債は時価で譲渡するものとして取り扱いますが，合併の前後で経済的な実態に変動がないと認められる場合（具体的な要件については下記**2．**に記載）には，適格合併として扱われ，被合併法人の移転資産・負債は帳簿価額で合併法人に引き継がれます。

合併をする場合には，「被合併法人」，「合併法人」，「被合併法人の株主」ごとに，それぞれ適格合併・非適格合併の場合で課税関係が異なります。

それぞれの課税関係を簡単にまとめますと以下のとおりとなります。

⑴　被合併法人の課税関係

合併をする場合には，原則として，被合併法人から合併法人に移転する資産・負債については，時価で譲渡をするものとして取り扱われます（法人税法62）。

したがって，被合併法人において，移転資産・負債についての譲渡益又は譲渡損が発生します。

一方，適格合併の場合には，移転資産・負債は帳簿価額で合併法人に移転をするものとして取り扱われます（法人税法62の２）。

したがって，移転資産・負債の含み損益が合併時に実現しないこととなり，含み損益に対する課税が繰り延べられることとなります。

なお，合併をする場合に，その合併を適格合併として取り扱うか否かは納税者が自由に選択できるものではなく，要件を満たしていれば強制的に取扱いが決まることとなりますので注意が必要です。

→詳細はＱ３―11，Ｑ３―16を参照

⑵　合併法人の課税関係

合併法人は，適格合併をする場合には被合併法人の資産・負債を帳簿価額で受け入れ，非適格合併の場合には時価で受け入れますが，資産・負債の受け入れについては，いずれの場合も法人税の課税は生じません（法人税法62，62の２）。

なお，合併法人の純資産の部の内訳については，適格合併の場合と非適格合併の場合とで異なります。

→詳細はＱ３―８，Ｑ３―13を参照

⑶　被合併法人の株主の課税関係

被合併法人の株主については，みなし配当や株式譲渡損益について，課税関係を確認する必要があります。

合併により，被合併法人の株主は被合併法人株式（旧株）に代えて合併法人株式（新株）を受け取ることとなります。

非適格合併の場合には，旧株を所有する株主が新株を取得する際に，旧株の株主に「みなし配当」が生じますので注意が必要です（法人税法24①一）。一方，適格合併の場合には，みなし配当は生じません（法人税法24①一カッコ書き）。

また，旧株に代えて新株以外の資産，すなわち合併交付金等の交付を受ける場合には，その時点で株に対する投資がいったん清算されたものとして扱われ，旧株の株式譲渡損益について課税がされます（法人税法61の２①）。反対に，旧株に代えて新株のみの交付を受ける場合には投資は継続しているものとして扱われ，株式譲渡損益に対する課税はありません（法人税法61の２②）。

被合併法人の株主に対する課税をまとめると以下のようになります。

	適格合併		非適格合併	
	交付金銭あり※	交付金銭なし	交付金銭あり	交付金銭なし
みなし配当課税	なし	なし	あり	あり
株式譲渡損益課税	あり	なし	あり	なし

※　被合併法人の株主等に一定の金銭等の交付（端株に対する金銭等の交付等）が行われる合併であっても，当該合併は，適格合併に該当することになります（法人税法２十二の八）。

→詳細はＱ３―５，Ｑ３―12，Ｑ３―17を参照

２．適格合併となるための要件の概要

適格合併となるのは，前述のとおり，合併の前後で経済的な実態に変動がないと認められる場合です。具体的には下記のとおり，⑴企業グループ内で合併をする場合や，⑵共同で事業を営む場合の合併で一定の要件を満たす場合が該当します（法人税法２十二の八）。

→詳細はＱ３―２～Ｑ３―４を参照

⑴　企業グループ内の合併

①　合併法人と被合併法人との間に完全支配関係がある場合の合併

②　合併法人と被合併法人との間に支配関係がある場合の合併

⑵　合併法人と被合併法人が共同して事業を営む場合の合併（一定の要件あり）

Q3-2　完全支配関係がある法人間の合併

合併法人と被合併法人との間に完全支配関係がある場合の適格要件を教えてください。

(ポイント)

- 当事者間の完全支配関係がある法人間の合併の場合は，金銭等不交付要件がある。
- 同一の者による完全支配関係がある法人間の合併は，金銭等不交付要件に加え，株式継続保有要件がある。

A

1．内　容

合併法人と被合併法人との間に完全支配関係がある場合の合併は，その実態は一体的な経営が行われている法人同士の合併であると考えられます。完全支配関係がある法人間で資産・負債の移転があった場合においても，その前後で移転資産・負債に対する支配は変わらないものと考えられます。

完全支配関係とは，一の者が法人の発行済株式等の全部を直接もしくは間接に保有する関係（以下，当事者間の完全支配関係）又は一の者との間に当事者間の完全支配関係がある法人相互の関係（以下，同一の者による完全支配関係）をいいます。

当事者間の完全支配関係の場合と同一の者による完全支配関係の場合では，以下のとおり，それぞれ適格合併に該当する要件が異なります（法人税法2十二の八，法人税施行令4の3②)。

(1)　当事者間の完全支配関係がある場合

①　金銭等不交付要件

合併の対価として，合併法人株式（又は合併法人の親法人の株式）以外の資産の交付がないこと。

⑵　同一の者による完全支配関係がある場合

①　金銭等不交付要件

合併の対価として，合併法人株式（又は合併法人の親法人の株式）以外の資産の交付がないこと。

②　株式継続保有要件

合併後において当該同一の者による完全支配関係が継続すると見込まれていること。

なお，同一の者が個人である場合には，当該個人と特殊の関係のある者※を含めて持分の判定を行います。

※　特殊の関係のある者とは，以下に掲げる者をいいます。

イ　当該個人の親族

ロ　当該個人と婚姻の届出をしていないが事実上婚姻関係と同様の事情にある者

ハ　当該個人の使用人

ニ　イ～ハに掲げる者以外の者で当該個人から受ける金銭その他の資産によって生計を維持している者

ホ　ロ～ニに掲げる者と生計を一にするこれらの者の親族

完全支配関係がある法人間の合併を図示すると次のとおりです。

なお，当事者間の完全支配関係と同一の者による完全支配関係のいずれにも該当する場合には，まず同一の者による完全支配関係に基づき適格判定を行います。

そして，同一の者による完全支配関係の適格判定において，株式継続保有要件を満たさないこと等により，適格要件に該当しないときは，改めて当事者間の完全支配関係に基づき適格判定を行うことになります。

【当事者間の完全支配関係の場合】

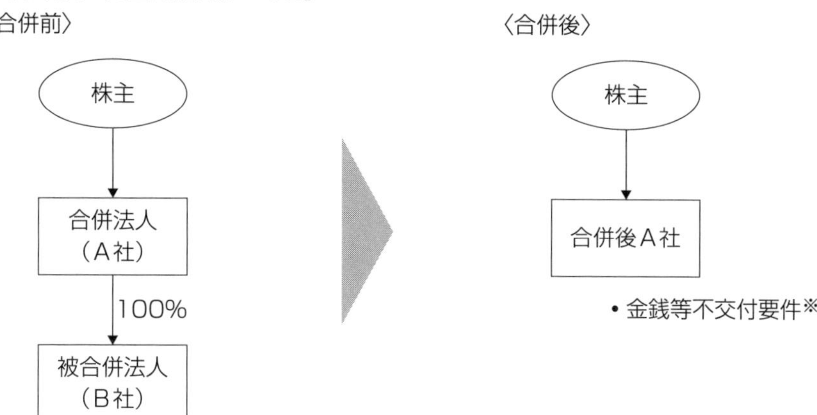

※　本ケースのように，Ａ社がＢ社の発行済株式のすべてを直接保有する場合には，会社法上，合併対価の交付が不可能であることから，適格合併として処理されます。

【同一の者による完全支配関係の場合】

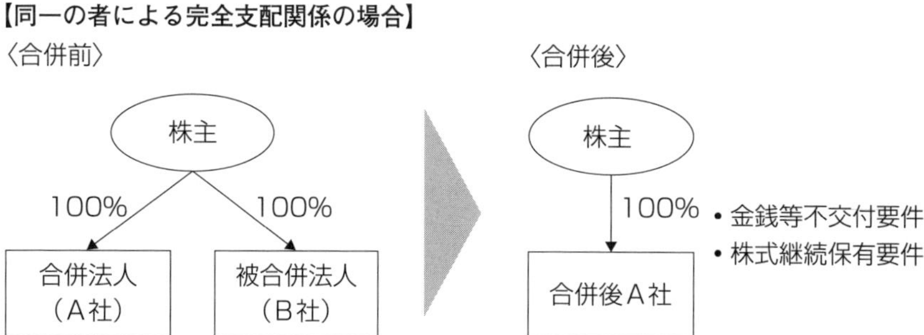

2．実務上の留意点

合併法人と被合併法人との間に完全支配関係があるかどうかの判定は，合併直前の資本関係により判定することとなりますので，合併前に資本関係を見直しておくことが重要となります。

Q3-3 支配関係がある法人間の合併

合併法人と被合併法人との間に支配関係がある場合の適格要件を教えてください。

ポイント

- 当事者間の支配関係がある法人間の合併は，金銭等不交付要件，従業者引継要件及び事業継続要件がある。
- 同一の者による支配関係がある法人間の合併は，上記に加え，株式継続保有要件がある。

合併法人と被合併法人との間に支配関係がある場合の合併は，その実態は企業グループで一体的な経営が行われている法人同士の合併と考えられます。これらの法人間で，従業者や主要な事業とともに資産・負債の移転があった場合においては，その前後で移転資産・負債に対する支配は変わらないものと考えられます。

支配関係とは，一の者が法人の発行済株式等の総数の50％超100％未満の株式等を直接もしくは間接に保有する関係（以下，当事者間の支配関係）又は一の者との間に当事者間の支配関係がある法人相互の関係（以下，同一の者による支配関係）をいいます。

当事者間の支配関係の場合と同一の者による支配関係の場合では，以下のとおりそれぞれ適格合併に該当する要件が異なります（法人税法２十二の八，法人税施行令４の３③）。

1．当事者間の支配関係がある場合

①　金銭等不交付要件

合併の対価として，合併法人株式（又は合併法人の親法人の株式）以外の資産の交付がないこと。

②　従業者引継要件

被合併法人の従業者のうち，概ね80％以上に相当する者が合併後に合併法人の業務に従事することが見込まれていること（合併後に他の法人へ適格合併等による従業者の移転が見込まれる場合においても，当該要件を満たすことになる）。

③　事業継続要件

被合併法人の合併前に営む主要な事業が，合併法人において合併後に引き続き営まれることが見込まれていること（合併後に他の法人へ適格合併等による事業の移転が見込まれる場合においても，当該要件を満たすことになる）。

２．同一の者による支配関係がある場合

①　金銭等不交付要件

合併の対価として，合併法人株式（又は合併法人の親法人の株式）以外の資産の交付がないこと。

②　従業者引継要件

被合併法人の従業者のうち，概ね80％以上に相当する者が合併後に合併法人の業務に従事することが見込まれていること（合併後に他の法人へ適格合併等による従業者の移転が見込まれる場合においても，当該要件を満たすことになる）。

③　事業継続要件

被合併法人の合併前に営む主要な事業が，合併法人において合併後に引き続き営まれることが見込まれていること（合併後に他の法人へ適格合併等による事業の移転が見込まれる場合においても，当該要件を満たすことになる）。

④　株式継続保有要件

合併後において，当該同一の者による支配関係が継続すると見込まれている

こと。

なお，同一の者が個人である場合には，当該個人と特殊の関係のある者を含めて持分の判定を行います（詳細はＱ３―２を参照)。

支配関係がある法人間の合併を図示すると次のとおりです。

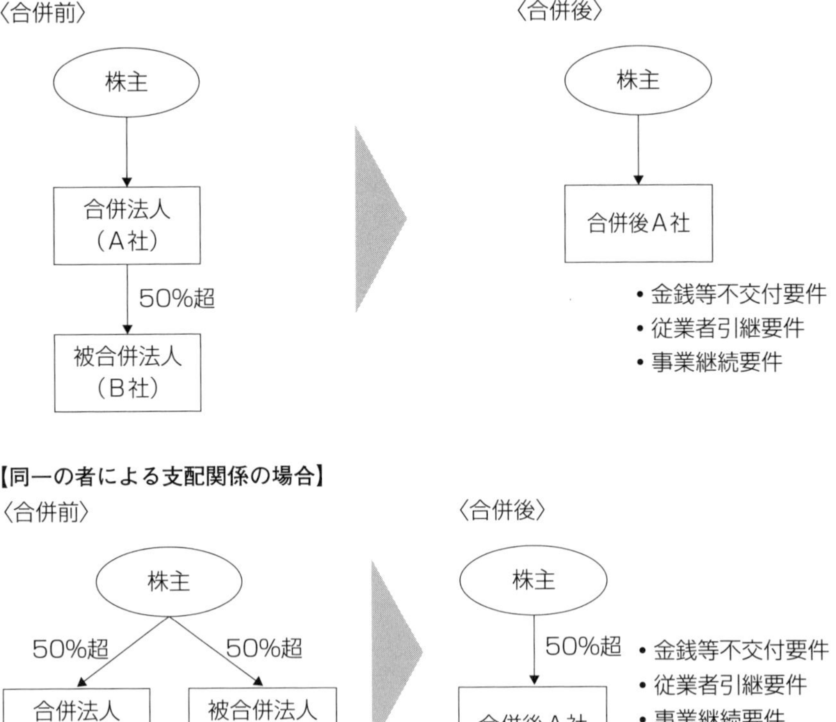

Q3-4 共同事業要件を満たす法人間の合併

共同で事業を行うために合併する場合の適格要件を教えてください。

ポイント

- 被合併法人との間に合併法人以外の他の者による支配関係がない場合には，事業関連要件，事業規模要件（又は経営参画要件），事業継続要件，従業者引継要件がある。
- 被合併法人との間に合併法人以外の他の者による支配関係がある場合には，上記に加え，株式継続保有要件がある。

A 完全支配関係及び支配関係がある法人間の合併以外の合併で，被合併法人と合併法人（新設合併の場合には被合併法人と他方の被合併法人）が共同で事業を営むためのものとして，下記の区分に応じてそれぞれに掲げる要件を満たす場合には，適格合併に該当します（法人税法２十二の八，法人税施行令４の３④)。

- 被合併法人との間に合併法人以外の他の者による支配関係がない場合……①～④
- 被合併法人との間に合併法人以外の他の者による支配関係がある場合……①～⑤

①　事業関連要件

被合併法人の被合併事業（主要な事業のうち，いずれかの事業に限る）と合併法人の合併事業が相互に関連するものであること。

②　事業規模要件又は経営参画要件

ア．事業規模要件

被合併法人の被合併事業と合併法人の合併事業のそれぞれの売上金額，従業者数又は資本金の額等の事業規模が概ね５倍を超えていないこと。

イ．経営参画要件

合併前の被合併法人の特定役員のいずれかと，合併法人の特定役員のいずれかが，合併後に合併法人の特定役員になることが見込まれていること（特定役員とは，社長，副社長，代表取締役，代表執行役，専務取締役もしくは常務取締役又はこれらの者と同等に法人の経営の中枢に参画している者をいい，必ずしも会社法上の役員である必要はありません）。

③ 従業者引継要件

被合併法人の従業者のうち，概ね80％以上に相当する者が合併後に合併法人の業務に従事することが見込まれていること（合併後に他の法人へ適格合併等による従業者の移転が見込まれる場合においても，当該要件を満たすことになる）。

④ 事業継続要件

被合併法人の被合併事業が，合併法人において，合併後引き続き営まれることが見込まれていること（合併後に他の法人へ適格合併等による事業の移転が見込まれる場合においても，当該要件を満たすことになる）。

⑤ 株式継続保有要件

合併により交付を受ける合併法人の株式又は合併親法人株式のいずれか一方の株式（議決権のないものを除く）のうち，支配株主に交付される対価株式の全部が支配株主により継続して保有されることが見込まれていること。

支配株主とは，被合併法人と合併法人以外の他の者との間に当該他の者による支配関係のある当該他の者及び当該他の者による支配関係のあるものをいいます。

仮に，合併比率を１：１とした場合の具体例は以下のとおりとなります。

【例①】

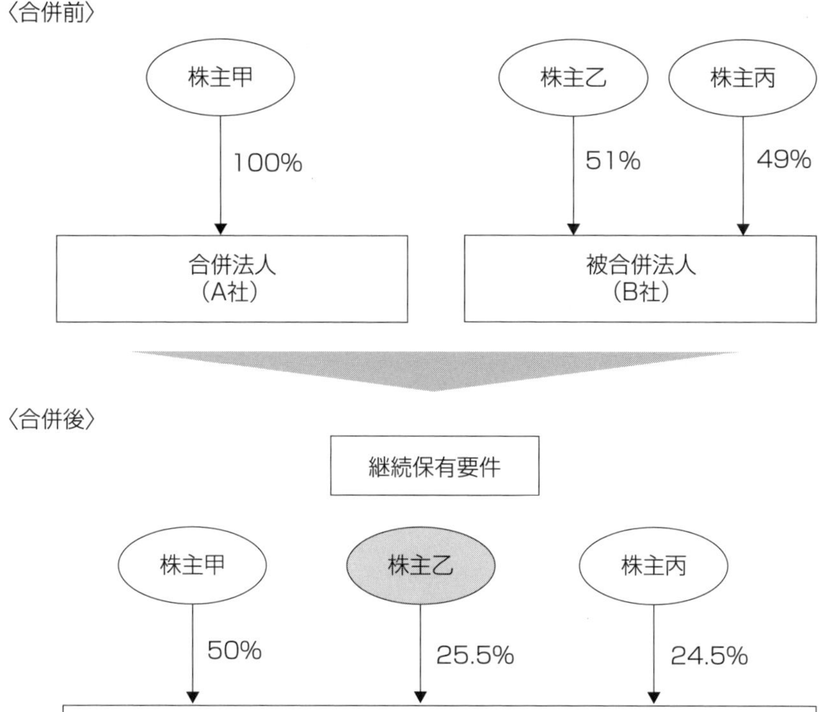

例①では，株主乙は被合併法人との間に株主乙による支配関係があるため支配株主に該当します。したがって，株主乙に交付される対価株式（Ａ社株式）の全部が継続して保有されることが見込まれる場合には，株式継続保有要件を満たします。

【例②】

〈合併前〉

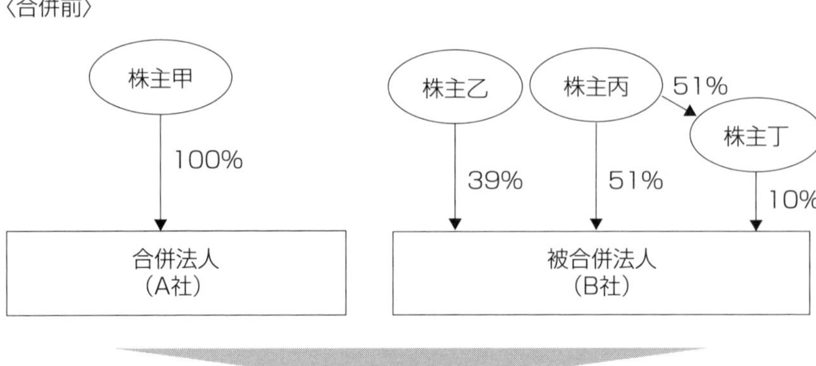

〈合併後〉

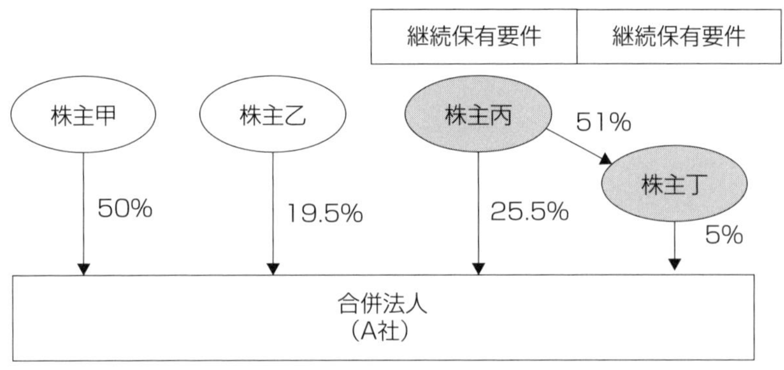

例②では，株主丙は被合併法人との間に株主丙による支配関係があるため支配株主に該当します。また，株主丁は株主丙との間に株主丙による支配関係があるため支配株主に該当します。したがって，支配株主である株主丙及び株主丁に交付される対価株式（A社株式）の全部が継続して保有されることが見込まれる場合には，株式継続保有要件を満たします。

【適格判定フローチャート】

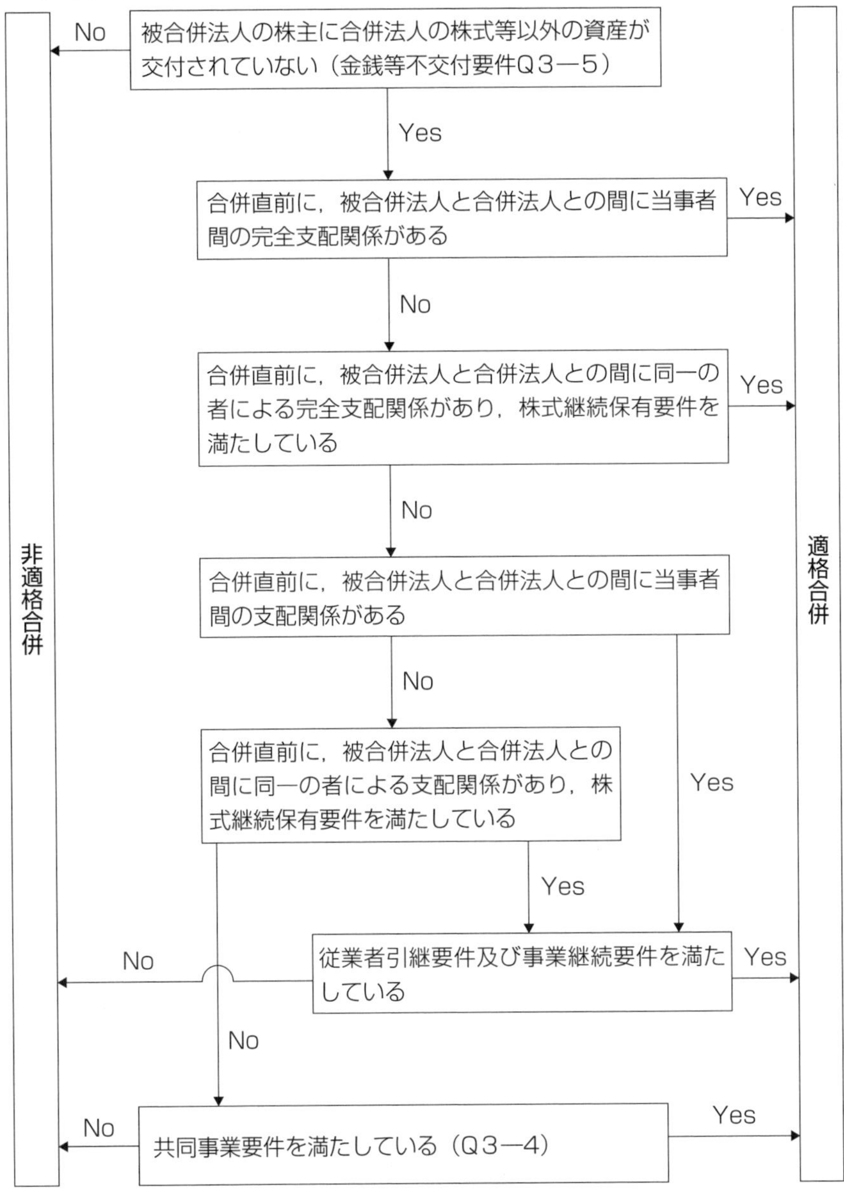

Q3-5 金銭等不交付要件

合併に伴い，金銭が交付されることのみをもって，税制適格の要件に共通する金銭等不交付要件に抵触しますか。

ポイント

次の①～④に該当する金銭を交付する場合には，金銭等不交付要件には抵触しない。

① 被合併法人の株主に対する合併最終事業年度に係る配当見合い金の交付金

② 合併反対株主の株式買取請求による交付金

③ 合併に伴い端株が生じた株主に対する交付金

④ 合併法人が被合併法人の発行済株式等の総数の３分の２以上を有する場合における少数株主への交付金

A

1. 内　容

税務上の適格要件には，合併の対価を株式の交付のみとする要件（金銭等不交付要件という）があり，株式以外の交付を認めていません。したがって，合併に伴い金銭が交付される場合には，適格要件から外れてしまうのではといった疑問が生じます。この点，①被合併法人の株主等への剰余金の配当，②反対株主からの買取請求による交付金は，適格合併の可否判定の際の金銭等から除外されています（法人税法２十二の八）。いずれの場合も，合併対価としての金銭の交付として扱わないこととされています。

また，上記以外にも，合併比率の関係上，被合併法人の株主に交付される株式に１株未満の端数の株式が生じたため，金銭を交付する場合も，金銭等不交付要件に抵触するのではといった疑問が生じます。会社法上，１株未満の端数の株式が生じた場合には，合併法人がその端数の株式に相当する株式を競売し，その端数の株式数に応じてその対価を被合併法人の株主に交付するといった手続きが行われます。つまり，合併法人は，株式の所有者に代わり，その端数の株式を合計して譲渡し，その代金を精算するといった行為を行うだけであり，当該金銭には合併対価の性質はなく，税務上，被合併法人の株主に対し１株未満の端数に相当する株式を交付したものとして取り扱うこととされています。

２．金銭等不交付要件の例外（スクイーズアウト）

平成29年度税制改正において，合併法人が被合併法人の発行済株式等の総数の３分の２以上を有する場合には，合併法人以外の株主等に交付される金銭その他の資産については，金銭等不交付要件を満たすか否かを問わないこととされました。すなわち，少数株主に対して現金を交付する吸収合併においても，他の要件を満たせば適格合併に該当することになりましたので，スクイーズアウトの手法の選択肢の一つとして，適格による吸収合併を行うことも可能となります（法人税法２十二の八①カッコ書き）。

【例】スクイーズアウトの具体的事例

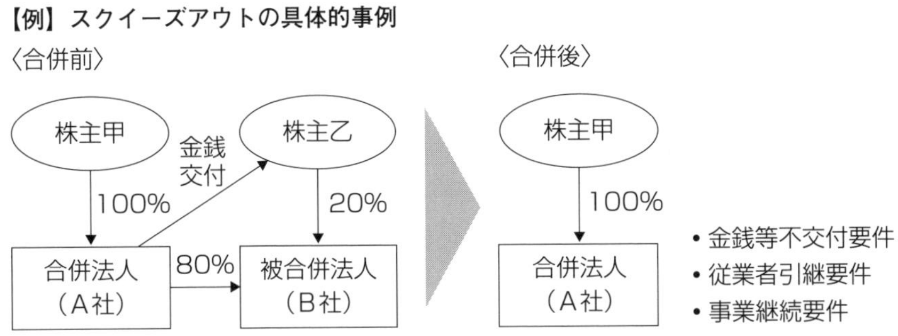

合併法人であるＡ社は被合併法人であるＢ社の発行済み株式の３分の２以上を保有しており，当該合併に伴い合併法人以外の株主である株主乙に対して金銭が交付されていますが，この場合は金銭等不交付要件に抵触しません。したがって，従業者引継要件及び事業継続要件を満たすことにより，適格合併に該当します。

Q3-6 三角合併

被合併法人の株主に合併の対価として合併親法人の株式を交付する場合においても，適格合併として取り扱うことができると聞きましたが，具体的に教えてください。

ポイント

合併対価として，合併親法人の株式（合併法人の発行済株式の全部を直接又は間接に保有する関係がある法人の株式をいいます。以下同じ）のみを交付する場合においても，金銭等不交付要件には抵触せず，その他の要件を満たす限りは，適格合併として取り扱う。

A

1．内　容

被合併法人の株主に対して，合併対価として合併親法人株式を交付する場合（三角合併といいます）も，金銭等不交付要件に抵触することはありません（法人税法２十二の八，法人税施行令４の３①）。したがって，金銭等不交付要件以外の要件を充足する限りにおいて，適格合併として取り扱うこととなります。この場合の合併親法人株式とは，合併法人の発行済株式の全部を直接又は間接に保有する関係がある法人の株式であり，合併後においても，当該法人と合併法人との間に当該法人による完全支配関係が継続することが見込まれている場合の当該法人株式をいいます。

①　通常の場合（合併法人株式が対価の場合）

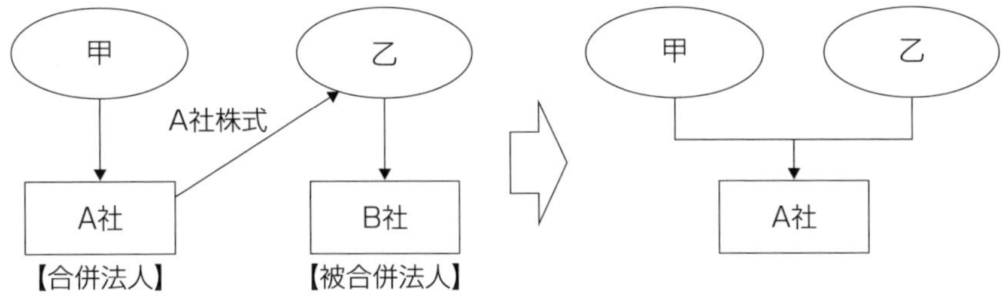

※　B社（被合併法人）の株主に対する対価としてA社株式を交付

②　三角合併の場合（X社株式が対価の場合）

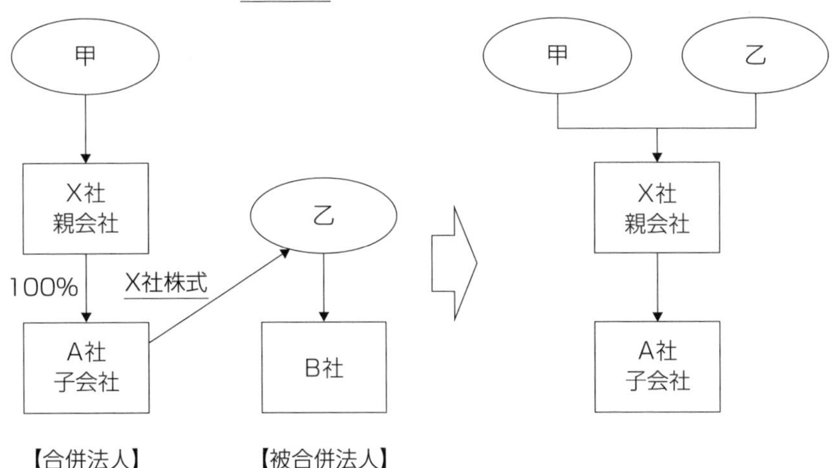

※　A社はX社株式を保有

※　B社（被合併法人）の株主に対する対価として，X社株式（合併親法人株式）を交付

③ 三角合併の場合（Y社株式が対価の場合）

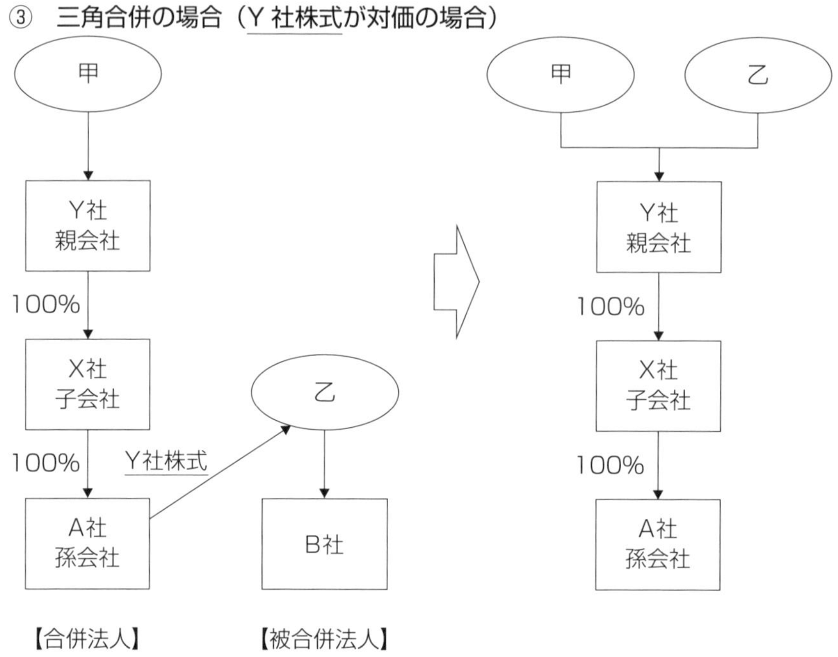

※ A社はY社株式を保有

※ B社（被合併法人）の株主に対する対価として，Y社株式（合併親法人株式）を交付

2．実務上の留意点

(1) 親法人株式の譲渡損益の認識（みなし譲渡）

法人が，自己を合併法人とする合併の対価として親法人株式を交付しようとする場合において，その合併契約日にその親法人株式を保有するとき又は合併契約日後に一定の事由（法人税法施行令第119条の11の２第２項各号に掲げる事由をいいます）により親法人株式の移転を受けたときは，その合併契約日等において，その親法人株式をその合併契約日等の価額で譲渡し，かつ，その価額で取得したものとみなして，当該親法人株式の譲渡損益を認識することになります（法人税法61の2㉒，法人税施行令119の11の2②一～五）。

この規定は，合併契約日までの含み損益を清算するためのものであり，その合併が適格合併に該当するか否かにかかわらず適用されますので，留意が必要です。また，当該みなし譲渡の規定は，合併により交付することが見込まれる部分の親法人株式に限られます。

(2) 親法人株式の交付時の取扱い

法人が自己を合併法人とする適格合併（金銭等不交付合併に限ります）により親法人株式を被合併法人の株主に交付した場合には，その譲渡に係る対価の額は，その適格合併の直前の帳簿価額に相当する金額とすることとされています（法人税法61の2⑥）。この場合，対価の額と原価の額が同額となるため，譲渡損益は認識しないこととなります。また，その帳簿価額に相当する金額は，三角合併に伴い増加する資本金等の額のマイナスとして処理します（法人税施行令8①五）。

(3) 適格合併に該当する場合の具体例

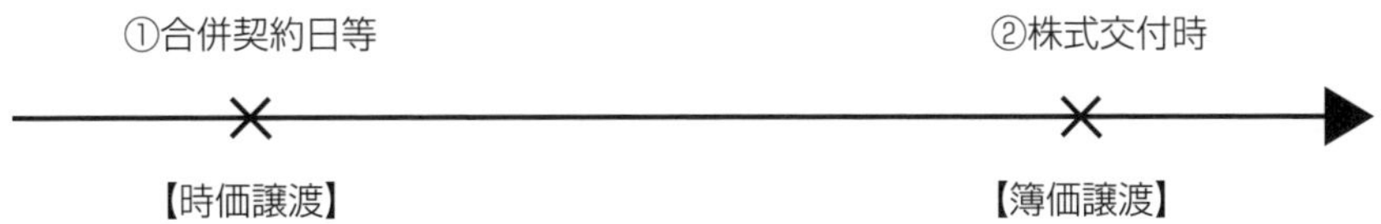

① 合併契約日等

親法人株式の合併契約日等における帳簿価額100（時価150）の場合

(借) 合併親法人株式	150	(貸) 合併親法人株式	100
		親会社株式譲渡益	50 ※

※　時価150と帳簿価額100の差額を譲渡益として認識

② 株式交付時

(借) 資本金等の額	150	(貸) 合併親法人株式	150

※　帳簿価額150で譲渡

Q3-7 無対価合併

合併対価の交付がない，いわゆる無対価合併を行う場合に留意すべき事項はありますか。

ポイント

- 合併対価の交付がない無対価合併が行われた場合において，当事者間の完全支配関係又は一定の同一の者による完全支配関係があるときは，適格合併に該当する。
- 支配関係がある法人間での無対価合併の場合においても，合併対価の交付を省略したものと認められるときは，適格合併に該当する。
- 共同事業を営むための合併を行う場合には，合併対価の交付を省略したものと認められる無対価合併，被合併法人のすべて又は合併法人が資本又は出資を有しない法人である場合の無対価合併は適格合併に該当する。

A

1．内　容

合併に際し，対価の交付が省略される場合（以下「無対価合併」という）の適格要件は次の(1)又は(2)の関係の場合（共同事業を営むための合併の場合には，被合併法人のすべて又は合併法人が資本又は出資を有しない法人である場合を含みます）のみに限定されています。

(1)　完全支配関係がある法人間での無対価合併の場合

①　当事者間の完全支配関係

次図のように合併法人が被合併法人の発行済株式等のすべてを保有する関係がある場合（法人税施行令４の３②一）

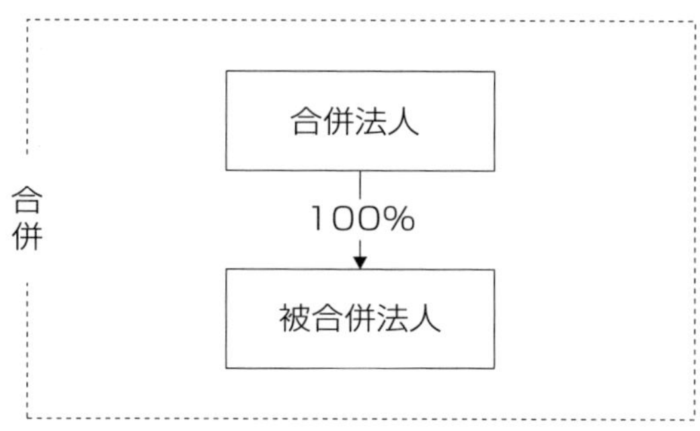

② 同一の者による完全支配関係

イ　合併法人が被合併法人の発行済株式等の全部を保有する関係（法人税施行令4の3②二イ）

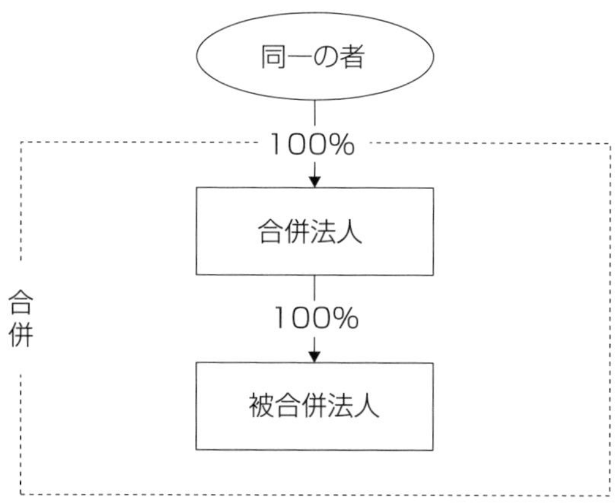

ロ　被合併法人及び合併法人の株主等（当該被合併法人及び合併法人を除く）の全てについて，その者が保有する当該被合併法人の株式の数の当該被合併法人の発行済株式等の総数のうちに占める割合と当該者が保有する当該合併法人の株式の数の当該合併法人の株式の数の発行済株式等の総数のうちに占める割合とが等しい場合における当該被合併法人と合併法人との間の関係（法人税施行令4の3②二ロ）。

この取扱いは，平成30年度税制改正により改組されており，株主が複数の場合において，被合併法人と合併法人の株主構成及び株式保有割合が等しいときには，当該要件を満たすことになります（**例**②参照）。

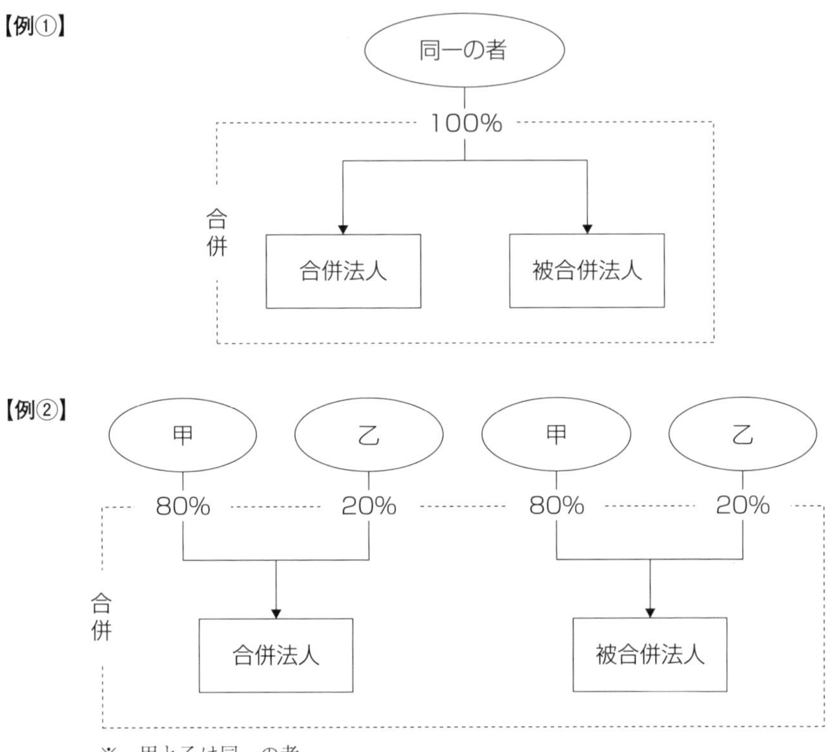

⑵　⑴以外の法人間での無対価合併の場合

支配関係がある法人間での無対価合併及び共同事業を営むための無対価合併は，合併法人と被合併法人との間に上記⑴②ロの関係があるときは，合併対価の交付を省略したものと認められるため，他の要件を満たす限り適格合併に該当します（法人税施行令４の3③④）。

Q3-8　合併法人の税務処理（適格合併）

適格合併が行われた場合の，合併法人の資産・負債，資本金等の額及び利益積立金額の計上にあたって，留意点を教えてください。

（ポイント）

- 合併法人は，被合併法人の資産・負債を合併直前の税務上の帳簿価額で引き継ぐ。
- 合併法人は，被合併法人の資本金等の額を引き継ぎ，簿価純資産価額から資本金等の額を控除した金額を利益積立金額として計上する。

A

1．内　容

合併法人は，被合併法人の資産・負債を合併直前の税務上の帳簿価額で引き継ぎます（法人税法62の２④，法人税施行令123の３）。また，被合併法人の資本金等の額を引き継ぎます（法人税施行令８①五）。具体的な引継価額は，次のとおりです。

（借）資産(1)	×××	（貸）負債(2)	×××
		資本金(3)	×××
		資本金以外の資本金等の額(4)	×××
		利益積立金額(5)	×××

(1)　資　産

税務上の帳簿価額とは，貸借対照表の金額に別表五（一）において計上されている金額を加算・減算した金額をいいます。

(2)　負　債

税務上の帳簿価額とは，貸借対照表の金額に別表五（一）において計上されている金額を加算・減算した金額をいいます。

⑶　資本金

合併により増加する資本金は，合併契約書に記載された金額となります。

⑷　資本金以外の資本金等の額

合併により被合併法人で減少した資本金等の額（合併直前の被合併法人の資本金等の額）から上記⑶の資本金を減算した金額をいいます。

⑸　利益積立金額

合併により移転を受けた税務上の簿価純資産価額（合併直前の被合併法人の簿価純資産価額）から上記⑶の資本金，⑷の資本金以外の資本金等の額を減算した金額をいいます。

2．具体例

【前提】

Ｂ社（被合併法人）はＡ社（合併法人）と適格合併しました。合併契約により増加する資本金は50です。この場合のＡ社の合併時の仕訳処理と貸借対照表について教えてください。

Ｂ社（合併直前貸借対照表）

諸資産	300	諸負債	100
		資本金	50
		資本金以外の資本金等の額	50
		利益積立金額	100

※　諸資産の時価200，諸負債の時価70

Ａ社（合併直前貸借対照表）

諸資産	500	諸負債	250
		資本金	100
		資本金以外の資本金等の額	100
		利益積立金額	50

※　諸資産の時価800，諸負債の時価200

〈A社の税務上の引継仕訳〉

(借) B社資産	300	(貸) B社負債	100
		資本金	50
		資本金以外の資本金等の額	50
		利益積立金額	100

A社（合併法人）はB社（被合併法人）の資産・負債を合併直前の税務上の帳簿価額で引き継ぎます。すなわち，B社資産300，B社負債100を引き継ぎます。A社において増加する資本金は，合併契約書に記載された増加資本金50となります。資本金以外の資本金等の額は，B社（被合併法人）から引き継いだ資本金等の額100から増加資本金50を減算した金額50（100－50）となります。利益積立金額は，B社（被合併法人）から引き継いだ税務上の簿価純資産価額200（300－100）から増加資本金50と資本金以外の資本金等の額50を減算した金額100（200－50－50）となります。

A社（合併後貸借対照表）

諸資産	800	諸負債	350
		資本金	150
		資本金以外の資本金等の額	150
		利益積立金額	150

※　諸資産の時価1,000，諸負債の時価270

3．実務上の留意点

(1)　会計と税務の差異

合併に際して，会計上，時価処理であっても，税務上，帳簿価額により受け入れることになりますので，その差額については税務調整が必要となります。例えば，会計上，適格合併が「取得」と判断され，パーチェス法により被合併法人の資産を時価で取得する場合，会計と税務で引継価額が異なることになりますが，この差異を次のように別表調整（別表五（一））する必要があります。

【前提】

- 被合併法人の土地の帳簿価額400
- 被合併法人の土地の時価500
- 会計上，土地の価額が500で計上されますが，別表五（一）で土地を100減算することで，税務上の土地の価額を400に修正します。

〈税務上の調整仕訳〉

(借) 利益積立金額	100	(貸) 土地	100

(2) 資本金の増加による取扱いの変更点

合併により，合併法人の資本金が１億円を超えることとなる場合，合併法人は，中小企業（中小法人及び中小企業者）に設けられている様々な特典が適用できなくなります。具体的には，下記①の取扱いに留意する必要があります。なお，資本金又は資本準備金が増加する場合には，下記②の取扱いにも留意する必要があります。

① 合併法人において留意すべき規定

イ　法人税率の軽減措置及び軽減税率の特例措置（法人税法66・措置法42の３の２）

ロ　交際費の定額控除限度額（措置法61の４）

ハ　貸倒引当金の損金算入制度（法人税法52）

ニ　欠損金の繰戻還付（法人税法80，措置法66の12）

ホ　留保金課税の不適用（法人税法67）

ヘ　中小企業者等の少額減価償却資産の取得価額の損金算入（措置法67の５）

ト　外形標準課税（地方税法72の２）

チ　その他中小企業者等に対する特例（中小企業投資促進税制・中小企業経営強化税制等）

②　その他

イ　法人住民税の均等割が増加します。

ロ　増加した資本金の額に対して0.15％の税率（最低３万円）で登録免許税が課税されます。

Q3-9 抱合せ株式がある場合の取扱い（適格合併）

適格合併が行われた場合において，合併法人が被合併法人の株式を保有している場合の合併法人側の取扱いについて教えてください。

ポイント

- 抱合せ株式の合併直前の帳簿価額に相当する金額を資本金等の額のマイナスとして処理する。
- 会計上，合併による抱合せ株式消滅損益が計上される場合には，税務上の調整が必要となる。

A

1．取扱い

親会社が子会社を吸収合併するようなケースでは，親会社（合併法人）は子会社（被合併法人）の株式を保有していることになります。会社法上，合併法人が有する被合併法人の株式に，合併法人の株式（自己株式）の割当てを行うことはできません（会社法749①三，③）。したがって，吸収合併により合併法人が保有していた被合併法人の株式は消滅し，その対価として合併法人の株式（自己株式）の割当ては行われません。

しかし，税務上は合併法人が保有していた被合併法人の株式（抱合せ株式）に対し，合併による株式の割当てをしなかった場合においても，合併法人が株式の割当てを受けたものとみなして処理することになります（法人税法24②）。

割当てを受けたものとみなした場合の税務上の取扱いは，以下の２つの処理に分解して考えます。

(1) 消滅する被合併法人の株式（旧株）の譲渡損益の計算

合併法人が合併により旧株を有しないこととなった場合には，税務上は有価証券の譲渡として取り扱われ，その際の譲渡損益の計算においては，譲渡対価は，その抱合せ株式の合併の直前の帳簿価額に相当する金額とされています（法人税法61の２③）。したがって，譲渡対価＝譲渡原価となり，譲渡損益は計上されません。

⑵　割当てを受けたとみなされた合併法人の株式（新株）の処理

適格合併の場合の合併法人側の処理は，被合併法人の資本金等の額を引き継ぐことになりますが，抱合せ株式が生ずる場合には，引継ぎを受ける資本金等の額から抱合せ株式の合併直前の帳簿価額に相当する金額を減算することになります（法人税施行令８①五）。

【具体例】

被合併法人の貸借対照表

諸資産	1,000	諸負債	700
		資本金等の額	100
		利益積立金額	200

［例１］　合併法人が保有する被合併法人の株式（抱合せ株式）の帳簿価額100
　　合併により受け入れる資本金等の額＝100－100＝０

［例２］　合併法人が保有する被合併法人の株式（抱合せ株式）の帳簿価額300
　　合併により受け入れる資本金等の額＝100－300＝△200

２．抱合せ株式

合併法人が合併の直前に有していた被合併法人の株式を抱合せ株式といいます。また，３社以上の合併の際に，被合併法人が合併の直前に有していた他の被合併法人の株式も抱合せ株式といいます（法人税法24②）。

３．無対価合併の場合

完全支配関係のある子会社との親子間の合併は，無対価で行われることになりますが，無対価の適格合併により，その被合併法人の株式（旧株）を有しないこととなった場合には，上記**１．**⑴と同様に譲渡対価＝譲渡原価となり，譲渡損益は計上されません（法人税法61の２②）。

４．実務上の留意点

会計上，子会社を合併するケースにおいては，親会社は子会社から受け入れた純資産と，親会社（合併法人）が保有していた子会社（被合併法人）の株式の帳簿価額との差額を抱合せ株式消滅損益（特別損益）として計上します（企業結合会計基準及び事業分離等会計基準に関する適用指針206）。これに対し，税務上は，抱合せ株式の処理は合併により引き継ぐ資本金等の額の減算項目として処理するため，会計上の特別損益は税務上の益金又は損金として認められません。したがって，別表による申告調整が必要となります。

【具体例】

〈前提〉

- 合併法人が100％所有する子会社（被合併法人）を合併する。
- 合併法人が有する被合併法人の株式の帳簿価額は200とする。

被合併法人の貸借対照表

諸資産	1,000	諸負債	300
		資本金の額	100
		利益積立金額	600

〈会計仕訳（合併法人）〉

（借）諸資産	1,000	（貸）諸負債	300
		子会社株式	200
		抱合せ株式消滅益	500

〈税務仕訳（合併法人）〉

（借）諸資産	1,000	（貸）諸負債	300
資本金等の額	100	子会社株式	200
		利益積立金額	600

〈調整〉

【別表四（減算）】

区分	総額	留保	社外流出
抱合せ株式消滅益	500	500	

会計上，特別利益に計上される抱合せ株式消滅益は，税務上は益金の額に算入されないため減算調整します。

【別表五㈠】

Ⅰ　利益積立金額の計算に関する明細書

区分	期首	減少	増加	翌期首
抱合せ株式消滅益		500	※500	0
資本金等の額			※100	100
繰越利益剰余金			500	500

Ⅱ　資本金等の額の計算に関する明細書

区分	期首	減少	増加	翌期首
利益積立金額		※100		△100

別表四で減算調整された抱合せ株式消滅益500を，別表五㈠で利益積立金額から減少させます。合併仕訳では，別表四を経由せずに利益積立金額が600増加するため，この利益積立金額の調整として，抱合せ株式消滅益部分※500と資本金等の額との入り繰り部分の※100を増加させます。一方，資本金等の額は合併仕訳により100減少するため，利益積立金額との入り繰り部分の※100を減少させます。また，会計上，抱合せ株式消滅益は合併法人の当期純利益に含まれるため，繰越利益剰余金を500増加させることになります（ここでは合併法人の他の損益項目は考慮しておりません）。

※印の合計が合併による増減と一致します。

column　資本金等の額がマイナスとなるケース？

法人税の申告書で，資本金等の額がマイナスとなっているものを見かけたことがあると思います。税務上の払込資本である「資本金等の額」がマイナスの数値となってしまうのは，どのような場合に生ずるのでしょうか。例えばM＆Aで会社を買ってきて，子会社化します。その時の子会社の取得価額が10億円で，資本金が１億円（税務上の払込資本である「資本金等の額」も１億円）とします。その後，その子会社を吸収合併（適格合併）すると，合併法人側の税務上の処理は，子会社である被合併法人の「資本金等の額」および「利益積立金額」をそのまま引き継ぎ，合併法人が有する「抱合せ株式」を合併法人の資本金等の額から減算します。すると，引き継いだ「資本金等の額」１億円に対して，減算する「抱合せ株式」の帳簿価額（取得価額）は10億円であるため，トータルで合併法人の「資本金等の額」が９億円減少することになります。合併法人の合併直前の「資本金等の額」が５億円とすると，合併後の「資本金等の額」は△４億円となります。

なお，平成27年度の税制改正により，現在は法人住民税均等割の税率区分および外形標準課税の資本割の基準が，「資本金等の額」が「資本金＋資本準備金」の額を下回る場合は，「資本金＋資本準備金」の額となっているため，「資本金等の額」がマイナスとなる場合には税率区分や資本割額を誤らないよう注意が必要です。

また，類似業種比準価額の計算において，「資本金等の額」がマイナスの場合には，マイナスのまま計算しても適正な評価額が計算されるので問題ありません。

Q3-10 被合併法人が合併法人の株式を保有している場合

被合併法人が合併法人の株式を保有している場合の合併法人側の取扱いについて教えてください。

（ポイント）

- 被合併法人の移転資産に合併法人株式が含まれている場合には，合併法人においては自己株式の取得となり資本金等の額の減算として処理する。
- 適格合併の場合には被合併法人における合併法人株式の帳簿価額を，非適格合併の場合には合併法人株式の時価を，それぞれ資本金等の額から減算する。

A

1．内　容

合併に際して，被合併法人が合併法人の株式を保有している場合（例えば，親会社が子会社を吸収合併する際に，子会社が親会社株式を保有している場合等）には，合併法人は当該株式を自己株式として取得することとなるため，合併法人の資本金等の額を減算処理します。

適格合併の場合には，被合併法人が保有している合併直前の合併法人株式の帳簿価額を資本金等の額から減算します（法人税施行令８①二十一ロ）。非適格合併の場合には，当該自己株式の取得の対価に相当する金額（合併法人株式の時価）を資本金等の額から減算します（法人税施行令８①二十一イ）。

なお，合併による自己株式の取得取引については，みなし配当は生じませんので，合併法人においても利益積立金額は減少しません（法人税施行令23③五）。

【合併法人株式の取扱い】

	資本金等の額から減算する金額
適格合併	被合併法人の合併直前の帳簿価額
非適格合併	自己株式として取得した合併法人株式の時価

Q3-11 被合併法人の税務処理（適格合併）

適格合併が行われた場合の被合併法人の税務処理について教えてください。

ポイント

- 適格合併が行われた場合の被合併法人の資産・負債は，税務上の帳簿価額により合併法人へ引き継がれ，譲渡損益は生じない。
- 被合併法人の事業年度開始の日から合併の日の前日までの期間を一事業年度とみなして最後事業年度の申告を行う。

A

1．概　要

被合併法人が適格合併により合併法人にその有する資産・負債の移転をした場合は，その合併をした日におけるその資産・負債の税務上の帳簿価額による引継ぎをしたものとして，その被合併法人の最後事業年度の所得金額を計算します（法人税法62の２①，法人税施行令123の３①）。したがって，被合併法人において合併による資産・負債の譲渡損益は生じません。

また，合併が行われた場合においては，被合併法人の事業年度開始の日から合併の日の前日までの期間を一事業年度とみなし，原則として被合併法人の最後事業年度終了の日の翌日から２月以内に確定申告書を提出し，法人税等の納税を行います（法人税法14①二）。なお，法人税の確定申告書には合併契約書の写し及び合併に係る移転資産等の明細書を添付する必要があります（法人税施行規則35五，六）。これらの手続きについては被合併法人が合併の日をもって消滅することから，実際の確定申告書の提出及び納税については，合併法人において行うことになります。

2．具体例

【前提】

- Ａ社（合併法人）がＢ社（被合併法人）を合併した（この合併は適格合併

に該当する）。

● 合併による対価は，Ｂ社株式１株につきＡ社株式１株とする。

● Ｂ社の発行済株式数は100株とする。

被合併法人Ｂ社（合併直前貸借対照表）

諸資産	500	諸負債	250
		資本金等の額	200
		利益積立金額	50

〈Ｂ社の合併仕訳〉

（借）Ａ社株式	200	（貸）諸資産	500
利益積立金額	50		
諸負債	250		

適格合併に該当することから，被合併法人であるＢ社は，資産・負債を最後事業年度終了時の税務上の帳簿価額により，Ａ社に引継ぎをしたものとして取り扱います。したがって，Ｂ社においては，合併による資産・負債の譲渡損益は生じません。

〈Ｂ社の解散仕訳〉

（借）資本金等の額	200	（貸）Ａ社株式	200

被合併法人であるＢ社は，その合併の対価として受け取ったＡ社株式を，直ちにＢ社の株主に交付したものとします（実際にはＡ社からＢ社の株主に対してＡ社株式の割当てが行われます）。

Q3-12 被合併法人の株主の税務処理（適格合併）

適格合併が行われた場合の被合併法人の株主の税務処理について教えてください。

ポイント

- 被合併法人の株主には，みなし配当課税は発生せず，原則として被合併法人株式の譲渡損益課税も生じない。
- 一定の金銭等の交付がある場合においては，被合併法人の株主に，被合併法人株式の譲渡損益課税が生じる。
- 適格合併により交付を受けた合併法人株式の取得価額は，被合併法人株式の帳簿価額を引き継ぐ。

A

1．金銭等の交付がない場合

適格合併においては，被合併法人の利益積立金額は合併法人へ引き継がれるため，被合併法人の株主においてみなし配当課税は生じません（法人税法24①一）。

また，適格合併であることから，その合併による対価は合併法人又は合併親法人の株式（新株）のみであるため，被合併法人の株主において被合併法人株式（旧株）の譲渡損益は生じません。この取扱いは，被合併法人の株主が，合併により旧株を譲渡した場合に，その譲渡対価が株式のみであるときは，その譲渡対価の額は，被合併法人の株主が所有していた旧株の合併直前の税務上の帳簿価額とするためです（法人税法61の２②）。

この場合において，新たに取得することになる新株の取得価額は，旧株の帳簿価額を引き継ぐことになります（法人税施行令119①五）。

2．具体例

【前提】

- Ａ社（合併法人）がＢ社（被合併法人）を合併した（この合併は適格合

併に該当する)。

- 合併による対価はA社株式のみである。
- B社の株主であるX社は，B社株式を帳簿価額100で保有している。

被合併法人B社（合併直前貸借対照表）

諸資産	500	諸負債	250
		資本金等の額	200
		利益積立金額	50

〈X社の仕訳〉

(借) A社株式	100	(貸) B社株式	100

適格合併に該当することから，B社の株主であるX社にみなし配当課税は生じません。

また，X社に対して交付する合併の対価がA社株式のみであるため，X社に株式譲渡損益課税も生じません。

この場合のX社におけるA社株式の取得価額は，B社株式の帳簿価額100を引き継ぐことになります。

〈B社株主が個人の場合〉

法人株主の場合と同様に，株主が個人である場合にも，みなし配当課税及び株式譲渡損益課税はありません。

3．金銭の交付がある場合

被合併法人の株主に，次の①～④の金銭等の交付が行われる合併についても，適格合併に該当します。

この場合において，被合併法人の株主にみなし配当課税は生じませんが，次の②～④の金銭等の交付を受けた被合併法人の株主については，被合併法人株式（旧株）の譲渡損益課税が生じます。

①　被合併法人の株主に対する合併最終事業年度に係る配当見合い金の交付金

②　合併反対株主の株式買取請求による交付金

③　合併に伴い端株が生じた株主に対する交付金

④　合併法人が被合併法人の発行済株主等の総数の３分の２以上を有する場合における少数株主への交付金。詳細は**Ｑ３—５**を参照。

Q3-13 合併法人の税務処理（非適格合併）

非適格合併が行われた場合に，合併法人の資産・負債，資本金等の額及び利益積立金額の計上にあたって，留意点を教えてください。

- 資産・負債は，時価による取得として処理することとなる。
- 非適格合併により引き継ぐ資産・負債の差額が，増加する資本金等の額となる。
- 非適格合併では，被合併法人の利益積立金額の引継ぎは行われない。

A

1．内　容

非適格合併の場合，合併法人において受け入れる被合併法人の資産・負債は，合併時の時価で取得したものとして処理し，資産と負債の差額を，合併において増加する資本金等の額として処理します。また，この場合，合併法人の利益積立金額は増加しません（被合併法人の利益積立金額の引継ぎは行われません）（法人税法62）。すなわち，被合併法人の時価純資産価額を，すべて資本金等の額として処理することとなります。

2．具体例

【前提】

A社（合併直前貸借対照表）

諸資産	300	諸負債	100
		資本金等の額	100
		利益積立金額	100

※　諸資産の時価200，諸負債の時価70

B社（合併直前貸借対照表）

諸資産	500	諸負債	250
		資本金等の額	200
		利益積立金額	50

※　諸資産の時価800，諸負債の時価200

〈B社の税務上の合併仕訳〉

（借）A社資産	200	（貸）A社負債	70
		資本金等の額	130

B社（合併法人）は，A社（被合併法人）の資産・負債を時価で引き継ぎます。すなわち，A社資産を200，A社負債を70で引き継ぎます。そして，資産と負債の差額130（200－70）を，合併において増加する資本金等の額とします。B社（合併法人）の利益積立金額の増加はありません。

B社（合併後貸借対照表）

諸資産	700	諸負債	320
		資本金等の額	330
		利益積立金額	50

※　諸資産の時価1,000，諸負債の時価270

Q3-14 資産調整勘定（のれん）等の処理

非適格合併が行われた場合に，正ののれん又は負ののれんが計上される場合があると聞きましたが，税務上の正ののれん又は負ののれんの取扱いについて教えてください。

ポイント

- 税務上の正ののれんは，「資産調整勘定」として計上し，５年間（月割）で損金の額に算入しなければならない。
- 資産調整勘定は，合併対価の額が合併により受け入れた資産・負債の時価純資産価額を超える場合に計上する。
- 税務上の負ののれんは，「差額負債調整勘定」として計上し，５年間（月割）で益金の額に算入しなければならない。
- 負債調整勘定は，退職給与債務の引受けをした場合，短期重要債務の引受けをした場合，合併対価の額が合併により受け入れた資産・負債の時価純資産価額に満たない場合に計上する。

A

1．内　容

合併法人が非適格合併により交付した対価額（以下，合併対価額）のうち，被合併法人から移転を受けた資産・負債の時価純資産価額を超える部分又は満たない部分は，資産調整勘定又は負債調整勘定として計上します。なお，営業権のうち，独立した資産として取引される慣習があるものは資産に，退職給与負債調整勘定・短期重要負債調整勘定は負債に含めて計算します。

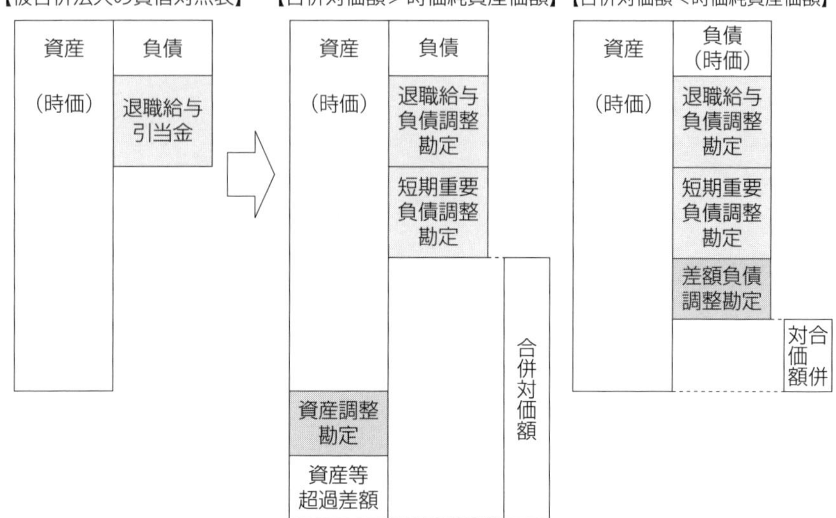

2．資産調整勘定

(1) 資産調整勘定の金額

合併対価額が，移転を受けた資産・負債の時価純資産価額を超える場合の，その超える部分のうち，資産等超過差額※を除いた金額が資産調整勘定となります。なお，時価純資産価額がマイナスの場合の資産調整勘定は，合併対価額にそのマイナスの金額を加算した金額となります（法人税法62の８①，法人税施行令123の10④）。

※　資産等超過差額とは，合併対価額が合併契約締結時の時価の２倍を超える場合等のその差額相当額や実質的に欠損金等とみられるものをいい，損金の額に算入することができません（法人税施行規則27の16）。

(2) 資産調整勘定の減額

次の算式により計算した金額を減額し，損金の額に算入します（法人税法62の８④）。

$$減額する金額＝当初計上額×\frac{※その事業年度の月数（１月未満切上）}{60}$$

※　その事業年度が資産調整勘定の金額に係る非適格合併等の日の属する事業年度である場合には，同日から事業年度終了の日までの期間の月数

３．負債調整勘定

負債調整勘定には，退職給与負債調整勘定，短期重要負債調整勘定，差額負債調整勘定があります。

(1)　退職給与負債調整勘定

①　退職給与負債調整勘定の金額

合併法人が，被合併法人から引き継いだ従業者に係る退職給与債務（合併前の在職期間等を勘案して算定する旨を約したものに限る）の引受けをした場合には，退職給付会計基準に従って算定した退職給付引当金額を退職給与負債調整勘定として計上します（法人税法62の８②）。

②　退職給与負債調整勘定の減額

退職給与債務の引受けの対象となった従業者（以下，引受従業者）が退職等をしたとき又は引受従業者に退職給与を支給したときに，下記により計算した金額を減額し，益金の額に算入します（法人税法62の８⑧，法人税施行令123の10⑩）。

原則：$減額の対象者数 \times \frac{退職給与負債調整勘定の当初計上額}{引受従業者数}$

特例：対象となった引受従業者に係る退職給付引当金額（合併法人が引受従業者ごとの退職給付引当金額の明細書を保存している場合に限ります）。

(2)　短期重要負債調整勘定

①　短期重要負債調整勘定の金額

合併法人が，被合併法人から移転を受けた事業に係る将来の債務（退職給与債務引受額及び確定債務を除く）で，その履行が合併の日から概ね３年以内に

見込まれるものについて，負担の引受けをした場合には，その見込額（移転資産の取得価額の合計額の20％を超える場合に限る）を短期重要負債調整勘定として計上します（法人税法62の８②）。

② 短期重要負債調整勘定の減額

次の事由が生じたときに，それぞれの金額を減額し，益金の額に算入します（法人税法62の８⑧）。

- 実際に損失が生じたとき…その損失相当額
- 非適格合併等の日から３年が経過したとき等…調整勘定の残額

(3) 差額負債調整勘定

① 差額負債調整勘定の金額

合併対価額が，被合併法人から移転を受けた資産・負債の時価純資産価額に満たないときの，その満たない部分の金額を差額負債調整勘定として計上します（法人税法62の８③）。

② 差額負債調整勘定の減額

次の算式により計算した金額を減額し，益金の額に算入します（法人税法62の８⑦）。

$$減額する金額＝当初計上額×\frac{※その事業年度の月数（１月未満切上）}{60}$$

※ その事業年度が差額負債調整勘定の金額に係る非適格合併等の日の属する事業年度である場合には，同日から当該事業年度終了の日までの期間の月数

４．明細書の添付

上記の調整勘定を計上又は減額することとなった事業年度の確定申告書に，明細書を添付する必要があります（法人税施行令123の10⑨）。

５．実務上の留意点

- 資産調整勘定及び差額負債調整勘定は，税務上，強制的に５年間（月数按分）で損金の額又は益金の額に算入しなければならず，合併後の税金コストに影響を与えるため，注意が必要です。
- 時価純資産価額は，完全支配関係がある法人間の譲渡損益の繰延べ（法人税法61の13）の適用を受けた譲渡損益調整資産についても，時価で計算を行います。

  非適格合併の場合の譲渡損益調整資産については，時価でいったん受け入れ，法人税申告書において帳簿価額に調整することになります。

Q3-15 抱合せ株式がある場合の取扱い（非適格合併）

非適格合併が行われた場合において，合併法人が有していた被合併法人の株式（抱合せ株式）の取扱いについて教えてください。

（ポイント）

- 抱合せ株式に係る譲渡損益の計算は，その譲渡対価の額をその抱合せ株式の譲渡直前の帳簿価額とするため，抱合せ株式に係る譲渡損益は計上しない。
- 合併法人のみなし配当の計算については，抱合せ株式に対して交付したとみなされた合併対価の額が，被合併法人の資本金等の額のうち抱合せ株式に対応する部分の金額を超える場合において，その超える部分の金額がみなし配当となり，受取配当等の益金不算入の規定の適用がある。
- みなし配当に係る源泉所得税については，所得税額控除の適用がある（所得税の全額が控除対象）。

A

1．取扱い

吸収合併があった場合，合併法人が保有していた被合併法人の株式に対しては，合併法人の株式（自己株式）の割当ては行われません（Ｑ３―９参照）が，税務上は合併法人が保有していた被合併法人の株式（抱合せ株式）に対し，合併法人が株式の割当てを受けたものとみなして処理することになります（法人税法24②）。

割当てを受けたものとみなした場合の税務上の取扱いは，以下の２つの処理に分解して考えます。

(1) 消滅する被合併法人の株式（旧株）の譲渡損益の計算

合併法人が，合併により被合併法人の株式を有しないこととなった場合には，税務上は有価証券の譲渡として取り扱われ，その際の譲渡損益の計算においては，譲渡対価はその抱合せ株式の合併の直前の帳簿価額に相当する金額とされています（法人税法61の2③）。したがって，譲渡対価＝譲渡原価となり，譲渡損益は計上されません。

(2)　割当てを受けたとみなされた合併法人の株式（新株）の処理

非適格合併の場合には，割当てを受けたとみなされた新株等の価額のうち，被合併法人の資本金等の額に対応する金額を超える部分については，合併法人側でみなし配当が生じることになります（法人税法24①②）。ここで生じたみなし配当については，受取配当等の益金不算入の適用を受けることができます（法人税法23）。また，みなし配当に係る源泉所得税については，所有期間の按分計算の必要はなく，所得税の全額につき，合併法人において所得税額控除の適用があります（法人税施行令140条の2①一，二）。

非適格合併の場合の合併法人側の受入処理は，合併により移転を受けた資産及び負債の時価純資産価額相当額（交付金銭等がある場合には時価純資産価額から交付金銭等相当額を減算した金額）を資本金等の額として増加させますが，抱合せ株式が生ずる場合には，抱合せ株式の合併直前の帳簿価額にみなし配当相当額を加算した金額を，増加する資本金等の額から減算します（法人税施行令8①五）。

【具体例】

①　交付金銭等なし

（前提）

- 合併法人が80％所有する子会社（被合併法人）を合併する。
- 合併法人が有する被合併法人の株式（抱合せ株式）の帳簿価額は160とする。
- 少数株主（20％）に対しては，合併法人の株式（時価140）を割り当てる。
- 合併法人が，株式の割当てを受けたものとみなした場合の当該株式の時価は560とする。

被合併法人の貸借対照表

諸資産	1,000	諸負債	300
		資本金等の額	100
		利益積立金額	600

みなし配当の計算＝(560－※80)＝480

※　被合併法人の資本金等の額（100）の80％相当額

合併法人側の増加する資本金等の額＝700－(160＋480)＝60

② 交付金銭等あり

(前提)

- 合併法人が80％所有する子会社（被合併法人）を合併する。
- 合併法人が有する被合併法人の株式（抱合せ株式）の帳簿価額は160とする。
- 少数株主に対しては，株式の割当てに代えて金銭140を交付する。
- 合併法人が，株式の割当てを受けたものとみなした場合の当該株式の時価は560とする。

被合併法人の貸借対照表

諸資産	1,000	諸負債	300
		資本金の額	100
		利益積立金額	600

みなし配当の計算＝(560－※80)＝480

※　被合併法人の資本金等の額（100）の80％相当額

合併法人側の増加する資本金等の額＝700－140－(160＋480)＝△80

2．留意点

会計上，子会社を合併するケースにおいては，親会社は子会社から受け入れた純資産と，親会社（合併法人）が保有していた子会社（被合併法人）の株式の帳簿価額との差額を特別損益として計上します（企業結合会計基準及び事業分離等会計基準に関する適用指針206）。これに対し，税務上は抱合せ株式の処理は資本金等の額の減算として処理するため，会計上の特別損益は税務上の益金又は損金として認められません。したがって，別表による申告調整が必要となります。

また，非適格合併による合併法人側の受入処理では，利益積立金額の引継ぎはありませんが，抱合せ株式によりみなし配当が生ずる場合には，合併法人側で利益積立金額が増加することになります。

【具体例】

（前提）

- 合併法人が80%所有する子会社（被合併法人）を合併する。
- 合併法人が有する被合併法人の株式（抱合せ株式）の帳簿価額は160とする。
- 少数株主に対しては株式の割当てに代えて金銭140を交付する。
- みなし配当に係る源泉所得税は考慮していない。

被合併法人の貸借対照表

諸資産	1,000	諸負債	300
		資本金等の額	100
		利益積立金額	600

〈会計仕訳（合併法人）〉

（借）諸資産	1,000	（貸）諸負債	300
		現金	140
		子会社株式	160
		特別利益	400

〈税務仕訳（合併法人）〉

（借）諸資産	1,000	（貸）諸負債	300
資本金等の額	80	現金	140
		子会社株式	160
		みなし配当	480

〈調整〉

【別表四　(加算)】

区分	総額	留保	社外流出
抱合せ株式(みなし配当)	480	480	

【別表四　(減算)】

区分	総額	留保	社外流出
受取配当等の益金不算入	480		※480
抱合せ株式消滅益	400	400	

みなし配当とされる金額480を加算調整するとともに，受取配当等の益金不算入の適用を受ける場合には同額を減算調整します。

会計上，特別利益に計上される抱合せ株式消滅益400は，税務上は益金の額に算入されないため減算調整します。

【別表五(一)】

Ⅰ　利益積立金額の計算に関する明細書

区分	期首	減少	増加	翌期首
抱合せ株式		400 ※80	480	0
資本金等の額			※80	80
繰越利益剰余金			400	400

Ⅱ　資本金等の額の計算に関する明細書

区分	期首	減少	増加	翌期首
利益積立金額		※80		△80

別表四の抱合せ株式に係る加算調整480及び減算調整400を別表五(一)Ⅰで利益積立金額から増減させます。資本金等の額は，合併仕訳により80減少するため，利益積立金額との入り繰り部分の※80を減少させ，利益積立金額を※80増加さ

せますが，非適格合併の場合には利益積立金額の引継ぎがないため，抱合せ株式の欄で※80を減少させます。また，会計上，抱合せ株式消滅益は合併法人の当期純利益に含まれるため，繰越利益剰余金を400増加させます（ここでは合併法人の他の損益項目は考慮しておりません)。

※印の合計が合併による増減と一致します。なお，みなし配当により合併法人側に利益積立金額480が増加しています。

Q3-16 被合併法人の税務処理（非適格合併）

非適格合併が行われた場合の被合併法人の税務処理について教えてください。

（ポイント）

- 非適格合併が行われた場合には，被合併法人はその資産・負債を時価により譲渡したものとし，譲渡損益は最後事業年度の所得の金額の計算上，益金の額又は損金の額に算入する。
- 適格合併の場合と同様に，被合併法人の事業年度開始の日から合併の日の前日までの期間を一事業年度とみなして最後事業年度の申告を行う。

A

1．概　要

被合併法人が，非適格合併により合併法人にその有する資産・負債の移転をした場合は，その合併をした日におけるその資産・負債の時価による譲渡をしたものとして，その被合併法人の最後事業年度の所得金額を計算します（法人税法62①②）。したがって，被合併法人において資産・負債の譲渡損益が生じます。

また，合併が行われた場合においては，被合併法人の事業年度開始の日から合併の日の前日までの期間を一事業年度とみなし，原則として被合併法人の最後事業年度終了の日の翌日から２月以内に確定申告書を提出し，法人税等の納税を行います（法人税法14①二）。なお，法人税の確定申告書には合併契約書の写し及び合併に係る移転資産等の明細書を添付する必要があります（法人税施行規則35五，六）。これらの手続きについては被合併法人が合併の日をもって消滅することから，実際の確定申告書の提出及び納税については，合併法人において行うことになります。

2．具体例

【前提】

- A社（合併法人）がB社（被合併法人）を合併する（この合併は非適格合併に該当する）。
- 合併による対価はB社株式1株につきA社株式1株及び交付金銭1とする。
- B社の発行済株式数は100株とする。
- 法人税等の実効税率は30%とする。

被合併法人B社（合併直前貸借対照表）

諸資産	500（600）	諸負債	250（250）
		資本金等の額	200
		利益積立金額	50

※　カッコ書きは時価

〈B社の税務上の仕訳（合併仕訳）〉

(借) A社株式	250	(貸) 諸資産	500
現金	100	譲渡利益	70
諸負債	250	未払法人税等	30

非適格合併に該当することから，B社は資産・負債をその合併をしたときにおける時価により，A社に譲渡したものとして取り扱います。したがって諸資産の含み益100（600－500＝100）が譲渡利益として被合併法人の最後事業年度の所得を構成するとともに，その譲渡利益について法人税等の負担が生じます。

〈B社の税務上の仕訳（A社株式の取得価額修正の仕訳）〉

(借) 未払法人税等	30	(貸) A社株式	30

B社の合併によりA社に移転する負債には，合併の日後に申告・納付期限が到来する未払いの法人税等を含むものとするため，A社株式の取得価額から控除します（法人税施行令123②）。

〈Ｂ社の税務上の仕訳（解散仕訳）〉

（借）資本金等の額	200	（貸）Ａ社株式	220
利益積立金額	120	現金	100

被合併法人であるＢ社は，その合併の対価として受け取った現金及びＡ社株式を直ちにＢ社の株主に交付したものとします（実際にはＡ社からＢ社の株主に対して現金及びＡ社株式の割当てが行われます）。

Q3-17 被合併法人の株主の税務処理（非適格合併）

非適格合併が行われた場合の被合併法人の株主の取扱いを教えてください。

(ポイント)

- 金銭交付のある非適格合併の場合には，みなし配当課税及び株式譲渡損益課税が行われる。
- 金銭交付のない非適格合併の場合には，みなし配当課税は行われるが，株式譲渡損益課税は行われない。
- 被合併法人の株主が法人である場合には，みなし配当について受取配当等の益金不算入の規定が適用され，みなし配当に係る源泉所得税については，所得税額控除の適用がある（源泉所得税の全額が控除対象)。
- 被合併法人の株主が個人である場合には，みなし配当について配当控除の規定が適用され，みなし配当に係る源泉所得税については，所得税額から全額控除される。

A

１．金銭等の交付がある場合

被合併法人の株主が合併法人又は合併親法人の株式（新株）以外に金銭等の交付を受けた場合（一定の金銭交付を除く）においては，その合併は非適格合併となりますが，合併法人から交付を受けた新株及び金銭等の額の合計額が，被合併法人の資本金等の額のうち，その被合併法人の株主が所有する株式数に応じた資本金等の額を超えるときは，その超える部分の金額は配当の額とみなします（法人税法24①一)。

このみなし配当の取扱いは，その株主が法人である場合には，受取配当等の益金不算入の対象となります（法人税法23①)。一方，その株主が個人である場合には，配当控除としてその配当の額のうち，一定額をその者の所得税額から控除することができます（所得税法92①)。

また，被合併法人株式（旧株）の譲渡損益の計算方法は，合併法人から交付を受けた新株及び金銭等の額の合計額からみなし配当の金額を控除した金額を譲渡対価として，譲渡損益の計算を行います（法人税法61の２①）。

なお，この場合の新株の取得価額はその取得時の時価となります（法人税施行令119①二十七）。

２．具体例

【前提】

- Ａ社（合併法人）がＢ社（被合併法人）を合併（この合併は非適格合併に該当する）。
- Ｂ社株式１株の対価は，Ａ社株式１株（時価2.5）及び金銭１とする。
- Ｂ社株主であるＸ社は，Ｂ社株式を10株（簿価10）保有している。
- Ｂ社の発行済株式数は100株とする。
- Ｂ社の１株当たりの資本金等の額　2
- みなし配当に係る源泉所得税は考慮していない。

被合併法人Ｂ社（合併直前貸借対照表）

諸資産	500（600）	諸負債	250（250）
		資本金等の額	200
		利益積立金額	50

※　カッコ書きは時価

〈Ｘ社の税務上の仕訳〉

（借）Ａ社株式	25	（貸）Ｂ社株式	10
現金	10	Ｂ社株式譲渡益	10
		みなし配当	15

合併により交付を受けたＡ社株式の時価25（@2.5×10株）及び交付金銭等の額10（@１×10株）の合計額35がＢ社の資本金等の額のうち，Ｘ社が所有する株式数に応じた金額20（@２×10株）を超えるため，その超える部分の金額15（35－20）はみなし配当として取り扱います。なお，このみなし配当15については，受取配当等の益金不算入の適用，みなし配当に係る源泉所得税につい

ては，所得税額控除（全額）の適用があります。

一方で，B社株式の譲渡損益の計算については，その譲渡対価の額をA社株式の時価25及び交付金銭等の額10の合計額35からみなし配当15を差し引いた20とし，B社株式の帳簿価額10との差額である10を譲渡益として計上します。

受け入れるA社株式の取得価額は時価により計上するため，25となります。

〈B社株主が個人の場合〉

B社株式譲渡益は，株式等に係る譲渡所得として，他の所得金額と区分し，申告分離課税の対象となります。

みなし配当は原則として総所得金額を構成し，超過累進税率により課税された上で，配当控除の規定が適用されます（源泉所得税は全額控除）。

A社株式の取得費はその取得時の価額（時価25）となります。

3．金銭等の交付がない場合

金銭等の交付がない非適格合併の場合においても，被合併法人の株主に対してみなし配当課税が行われます。この取扱いは金銭等の交付の有無にかかわらず，非適格合併の場合には必ずみなし配当が生じます（法人税法24①一）。

一方，金銭等の交付がない非適格合併では，被合併法人の株主は旧株をその帳簿価額により譲渡したものとして取り扱いますので，旧株の譲渡損益は生じません（法人税法61の2②）。

なお，この場合の新株の取得価額は，旧株の帳簿価額にみなし配当の金額を加算した金額となります（法人税施行令119①五）。

4．具体例

【前提】

- A社（合併法人）がB社（被合併法人）を合併（この合併は非適格合併に該当する）。
- B社株式1株の対価は，A社株式1株（時価3.5）とする。
- B社株主であるX社は，B社株式を10株（簿価10）保有している。

- B社の発行済株式数は100株とする。
- B社の1株当たりの資本金等の額　2
- みなし配当に係る源泉所得税は考慮していない。

被合併法人B社（合併直前貸借対照表）

諸資産	500（600）	諸負債	250（250）
		資本金等の額	200
		利益積立金額	50

※　カッコ書きは時価

〈X社の税務上の仕訳〉

（借）A社株式	25	（貸）B社株式	10
		みなし配当	15

合併により交付を受けたA社株式の時価35（@3.5×10株）がB社の資本金等の額のうち，X社が所有する株式数に応じた金額20（@2×10株）を超えるため，その超える部分の金額15（35－20）はみなし配当として取り扱います。なお，このみなし配当15については，受取配当等の益金不算入の適用，みなし配当に係る源泉所得税については，所得税額控除（全額）の適用があります。

一方で，非適格合併の場合にも金銭等の交付がありませんので，X社はB社株式をその帳簿価額10で譲渡したものと考えます。したがって，B社株式の譲渡損益は生じません。

受け入れるA社株式の取得価額はB社株式の帳簿価額10に，みなし配当の金額15を加算した金額25となります。

〈株主が個人の場合〉

みなし配当は，原則として総所得金額を構成し，超過累進税率により課税された上で，配当控除の規定が適用されます（源泉所得税は全額控除）。

B社株式の取得費は，その帳簿価額10に，みなし配当の金額15を加算した金額25となります。

Q3-18 繰越欠損金の引継ぎ

合併が行われた場合の欠損金の繰越控除制度について教えてください。

ポイント

- 適格合併が行われた場合には，原則として，被合併法人の繰越欠損金を合併法人の繰越欠損金として引き継ぐ。
- 引き継がれる繰越欠損金は，被合併法人の適格合併の日前10年以内に開始した各事業年度において生じた欠損金で，その欠損金が生じた被合併法人の事業年度開始の日の属する合併法人の各事業年度において生じた欠損金とみなされる。
- 非適格合併が行われた場合には，被合併法人の繰越欠損金を合併法人に引き継ぐことはできない。

A

1．適格合併と繰越欠損金の引継ぎ

欠損金の繰越控除制度は，一の法人において発生した欠損金額を当該法人のその後の事業年度に繰り越し，その後の事業年度において発生する所得金額から控除する制度ですが，適格組織再編成のうち，適格合併が行われた場合には，原則として被合併法人が有していた繰越欠損金を合併法人の欠損金とみなして，合併法人の将来の所得金額から控除することができます。

具体的には，その適格合併に係る被合併法人の適格合併の日前10年以内に開始した各事業年度において生じた欠損金額があるときは，その欠損金額が発生した被合併法人の事業年度開始の日の属する合併法人の各事業年度において生じた欠損金額とみなして，欠損金の繰越控除の規定を適用します（法人税法57②）。

なお，他の法人の有していた欠損金を自己の欠損金とすることができる組織再編成は，適格合併に限られており，他の組織再編成や非適格合併の場合には，他の法人の欠損金を自己の欠損金として取り扱うことはできません。

2．近時の税制改正の概要

欠損金の繰越控除制度については，近時の税制改正により，以下のとおり繰越期間及び控除限度額に改正が行われております。

⑴　繰越期間の延長

平成30年４月１日以後に開始した事業年度において生じた欠損金額より，その繰越期間が９年から10年に延長されております。なお，平成20年４月１日前に終了した事業年度において生じた欠損金額の繰越期間は７年となります（平23改法附則14，平27改法附則27①）。

⑵　控除限度額の制限

中小法人等以外の法人の控除限度額（損金の額に算入する欠損金額）が以下のとおり段階的に引き下げられております（平23改法附則10，平27改法附則21，27②）。また，一定の普通法人で設立の日以後７年を経過する日を含む事業年度まで，及び更生手続開始決定等があった法人の一定の事業年度については，中小法人等と同じく控除限度額の制限はありません。

事業年度開始の日	控除限度額	
H24.4.1～H27.3.31	その事業年度の所得の金額×	80%
H27.4.1～H28.3.31		65%
H28.4.1～H29.3.31		60%
H29.4.1～H30.3.31		55%
H30.4.1～		50%

３月決算法人を前提に，近時の税制改正をまとめると，以下のとおりとなります。

事業年度		H23/3	H24/3	H25/3	H26/3	H27/3	H28/3	H29/3	H30/3	H31/3	R2/3	R3/3	R4/3	R5/3
繰越期間		9年	9年	9年	9年	9年	9年	9年	9年	10年	10年	10年	10年	10年
		R2/3まで	R3/3まで	R4/3まで	R5/3まで	R6/3まで	R7/3まで	R8/3まで	R9/3まで	R11/3まで	R12/3まで	R13/3まで	R14/3まで	R15/3まで
控除限度額	中小法人等以外の法人	その事業年度の所得の金額		その事業年度の所得の金額×以下の割合										
				80%			65%	60%	55%	50%				
	中小法人等	その事業年度の所得の金額												

なお，ここでいう中小法人等とは資本金の額又は出資金の額が1億円以下の法人のうち，以下の法人を除く法人をいいます（法人税法57⑪）。

- 資本金の額若しくは出資金の額が5億円以上の法人等（大法人）による完全支配関係がある普通法人
- 完全支配関係がある複数の大法人に発行済株式等の全部を保有されている普通法人

3．実務上の留意点

上記**2.**の税制改正により，例えば，被合併法人が中小法人等であったとしても，被合併法人より繰越欠損金を引き継いだ合併法人が中小法人等に該当しない場合には，合併法人の繰越欠損金の損金算入額に制限が入ることになります。

なお，繰越期間の9年から10年への延長については，適格合併に伴い欠損金を引き継ぐ際も同様ですが，平成30年4月1日以後に開始した事業年度において生じた欠損金額について適用されるため，当面の間は実質的な改正の影響はありません。

Q3-19 繰越欠損金の引継ぎの制限

適格合併が行われた場合において，被合併法人の繰越欠損金の合併法人への引継ぎが制限されることがあると聞きましたが，繰越欠損金の引継ぎについて留意点を教えてください。

ポイント

- 支配関係のない法人間の適格合併の場合には，被合併法人の繰越欠損金の引継制限はない。
- 支配関係のある法人間の適格合併において，支配関係が５年超継続している場合又は合併法人もしくは被合併法人が５年以内に設立され，その設立の日から継続して支配関係がある場合には，被合併法人の繰越欠損金の引継制限はない。
- 支配関係が５年以内の法人間の適格合併の場合においても，みなし共同事業要件を満たすときは，被合併法人の繰越欠損金の引継制限はない。
- 支配関係が５年を超えているか否かの判定は，支配関係の発生日から合併法人の適格合併の日の属する事業年度開始の日までの期間で判定する。

A

１．制度の趣旨

被合併法人の繰越欠損金の引継ぎを無制限で認めた場合には，繰越欠損金を有する法人を買収の上，適格合併を行うことで合併法人の所得と被合併法人の欠損金額とを相殺することにより，所得を不当に減少させることが可能となってしまいます。このような租税回避行為を防止するため，被合併法人の繰越欠損金の引継ぎには，一定の制限が設けられています。

２．引継制限を受ける場合

次のいずれにも該当しない適格合併の場合には，適格合併に係る被合併法人の欠損金額のうち，一定の欠損金額はないものとされます（法人税法57③）。

① その適格合併が共同で事業を営むための合併に該当する場合

② その被合併法人と合併法人との間に，イ．合併法人の適格合併の日の属する事業年度開始の日の５年前の日又はロ．被合併法人の設立の日もしくはハ．合併法人の設立の日のうち，最も遅い日から継続して支配関係がある場合

支配関係のない法人間での適格合併の場合には，被合併法人の繰越欠損金の引継制限はありませんが，支配関係のある法人間での適格合併の場合には，①みなし共同事業要件を満たさない場合又は②支配関係が５年以内である場合（被合併法人又は合併法人の設立の日から継続して支配関係のある場合を除く）には，被合併法人の繰越欠損金のうち，一定の金額について引継制限を受けることになります。

なお，①みなし共同事業要件の詳細についてはＱ３―22を参照してください。

また，ここでいう支配関係が５年を超えているか否かの判定は，支配関係の発生した期間で判定するのではなく，合併法人の適格合併の日の属する事業年度開始の日時点で判定することになりますので，注意が必要です。

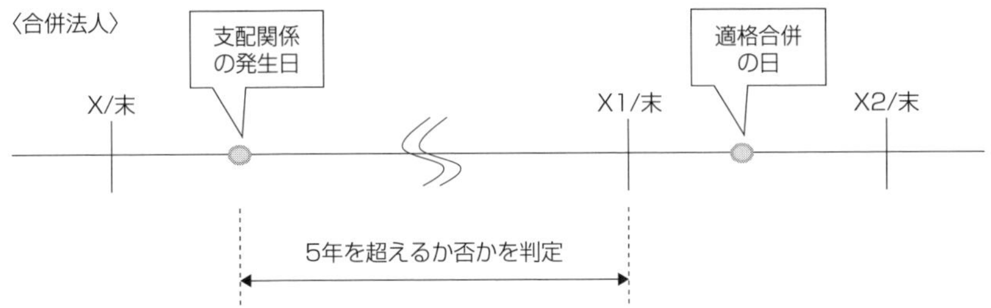

３．引継制限を受ける欠損金額

上記**２．**における引継制限を受ける場合に該当するときは，被合併法人における一定の欠損金額はないものとされますが，ないものとされる欠損金額は支配関係の発生した事業年度の前後で区分して計算します。

⑴　被合併法人の支配関係事業年度前の繰越欠損金

⇒繰越欠損金の全額（注１）

支配関係事業年度前の繰越欠損金については，被合併法人の繰越欠損金を不当に利用することを防止するため，その全額が引継制限の対象となります。

⑵　被合併法人の支配関係事業年度以後の繰越欠損金

⇒繰越欠損金のうち，特定資産譲渡等損失額に相当する金額に達するまでの金額（注２）

支配関係事業年度以後の繰越欠損金については，原則として引継制限を受けませんが，支配関係前から保有している含み損資産を適格合併前に譲渡したことによって実現した損失額については，引継制限を設けることとしています。

※１　支配関係事業年度とは，被合併法人と合併法人との間に最後に支配関係があることとなった日の属する事業年度をいいます。

※２　最後に支配関係があることとなった日とは，被合併法人と合併法人との間において，適格合併の日の直前まで継続して支配関係がある場合のその支配関係があることとなった日をいいます（法人税基本通達12－１－５）。

（注１）　被合併法人の支配関係事業年度前の各事業年度で，適格合併の日前10年以内に開始した各事業年度に該当する事業年度において生じた欠損金額（法人税法57③一）。

（注２）　被合併法人の支配関係事業年度以後の各事業年度で，適格合併の日前10年以内に開始した各事業年度に該当する事業年度ごとに生じた欠損金額のうち，その事業年度を特定資産譲渡等損失額の損金不算入の規定が適用される事業年度と仮定した場合に，被合併法人において最後に支配関係があることとなった日の属する事業年度開始の日前から有していた資産から生じた特定資産譲渡等損失額に相当する金額に達するまでの金額（法人税法57③二，法人税施行令112⑤）。

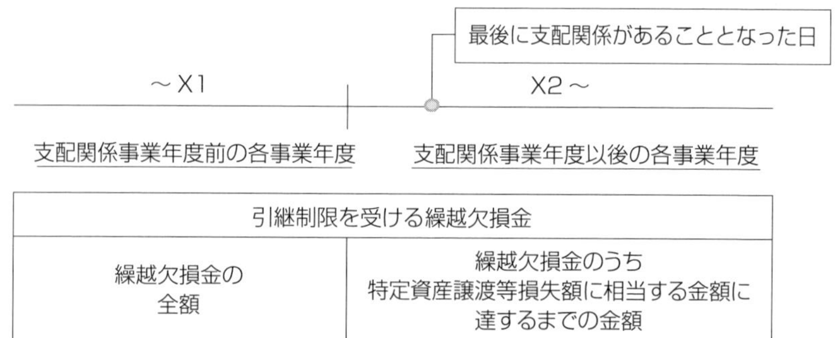

Q3-20 繰越欠損金の引継ぎの制限（特例計算）

適格合併が行われた場合において，被合併法人の繰越欠損金の引継ぎについて制限を受ける場合にも，いわゆる特例計算により繰越欠損金の引継制限を緩和することができると聞きましたが，その特例計算の内容について教えてください。

（ポイント）

- 支配関係が生じた事業年度の前事業年度終了の日における被合併法人の有する資産・負債の時価評価を行い，繰越欠損金の引継制限を緩和することができる。
- 特例計算は，支配関係が生じた事業年度の前事業年度終了の日における被合併法人の①時価純資産価額，②簿価純資産価額，③繰越欠損金の金額を比較し，３つの場合に分けて，引継制限を受ける繰越欠損金を計算する。

A

１．制度の趣旨

繰越欠損金の引継制限は，被合併法人の繰越欠損金と合併法人の所得とを相殺することで，所得を不当に減少させることを防止するための規定ですが，仮に，被合併法人がもともと含み益のある資産を保有しているのであれば，その含み益のある資産を売却し，その時点で有していた被合併法人の繰越欠損金を使用することにより，被合併法人単体で繰越欠損金を使用することが可能となります。

このように，被合併法人単体で繰越欠損金を使用することのできる状況にあった場合にまで引継制限を課すことは適当ではないと考えられるため，一定の特例計算を行うことにより繰越欠損金の引継制限を緩和することが認められています。

なお，この特例計算の適用を受けるためには，合併法人の適格合併の日の属する事業年度の確定申告書に別表七㈠付表三を添付するとともに（法人税施行令113②)，資産・負債の時価及び簿価を記載した書類を保存する必要があります（法人税施行規則26の２の２）。

２．引継制限が緩和される場合

被合併法人の支配関係事業年度の直前事業年度末における，①時価純資産価額，②簿価純資産価額，③繰越欠損金の金額を比較し，支配関係事業年度前後の繰越欠損金の区分ごとに，引継制限を受ける金額を計算します。

ここでいう時価純資産価額等の金額は，被合併法人の支配関係事業年度の直前事業年度末の金額であることに注意する必要があります。

(1) 時価純資産価額≧簿価純資産価額
かつ
時価純資産超過額※1≧繰越欠損金の場合（法人税施行令113①一）

欠損金	支配関係事業年度前の繰越欠損金	支配関係事業年度以後の繰越欠損金
引継制限	なし	なし

(2) 時価純資産価額≧簿価純資産価額
かつ
時価純資産超過額※1＜繰越欠損金の場合（法人税施行令113①二）

欠損金	支配関係事業年度前の繰越欠損金	支配関係事業年度以後の繰越欠損金
引継制限	時価純資産超過額※1を超える部分（被合併法人の含み益相当額を超える部分）	なし

(3)　時価純資産価額＜簿価純資産価額の場合（法人税施行令113①三）

欠損金	支配関係事業年度前の繰越欠損金	支配関係事業年度以後の繰越欠損金
引継制限	全額	特定資産譲渡等損失額に相当する金額のうち簿価純資産超過額※2に相当する金額に達するまでの金額（被合併法人の含み損相当額までの特定資産譲渡等損失相当額）

※1　時価純資産超過額とは，時価純資産価額が簿価純資産価額を超える場合のその超える部分の金額をいいます。

※2　簿価純資産超過額とは，簿価純資産価額が時価純資産価額を超える場合のその超える部分の金額をいいます。

なお，このような特例計算については，合併法人の繰越欠損金の使用制限や特定資産譲渡等損失額の損金不算入の規定が適用される場合にも，同様に認められています。

Q3-21 合併法人の繰越欠損金の使用制限

適格合併が行われた場合において，被合併法人の繰越欠損金の引継制限とともに，合併法人が有する繰越欠損金についても，使用制限が課される場合があると聞きましたが，合併法人の繰越欠損金に関する留意点を教えてください。

ポイント

- 被合併法人の繰越欠損金の引継制限と同様に，合併法人においても租税回避行為の防止の観点から繰越欠損金の使用制限が課せられている。
- 繰越欠損金の使用制限が課せられる場合の判定や使用制限を受ける繰越欠損金の計算（特例計算を含む）は，原則として，Q３—19，Q３—20と同様である。

A

１．制度の趣旨

被合併法人の繰越欠損金の引継制限の趣旨はQ３—19のとおりですが，被合併法人の繰越欠損金にのみ引継制限を設けただけでは，合併法人と被合併法人とを入れ替えたいわゆる逆さ合併を行うことで，被合併法人の繰越欠損金の引継制限の規定の潜脱を行うことが可能となってしまいます。したがって，このような租税回避行為を防止するため，合併法人の繰越欠損金の使用についても，一定の制限が設けられています。

また，被合併法人の引継制限を受ける繰越欠損金を緩和する特例計算の趣旨についてはQ３—20のとおりですが，合併法人についても合併法人単体で繰越欠損金を超える含み益資産を保有している場合等，使用制限を課す必要がないと考えられるときは，繰越欠損金の使用制限を緩和することが認められています。

２．使用制限を受ける場合

次のいずれにも該当しない適格合併又は完全支配関係のある法人間での非適

格合併でグループ税制の適用により譲渡損益が繰り延べられるもの（以下，「適格合併等」）の場合には，適格合併等に係る合併法人の欠損金額のうち，一定の欠損金額はないものとされます（法人税法57④）。

① その適格合併等が共同で事業を営むための合併に該当する場合

② その被合併法人と合併法人との間に，イ．合併法人の適格合併等の日の属する事業年度開始の日の５年前の日又はロ．被合併法人の設立の日もしくはハ．合併法人の設立の日のうち，最も遅い日から継続して支配関係がある場合

Ｑ３—19の被合併法人の繰越欠損金の引継制限と同様に，上記に該当しない場合には，合併法人の繰越欠損金に対して使用制限が課せられていますが，完全支配関係のある法人間で行われる非適格合併についても，繰越欠損金の使用制限の判定の対象に含まれていることに注意が必要です。

なお，①みなし共同事業要件の詳細については，**Ｑ３—22**を参照してください。

また，ここでいう支配関係が５年を超えているか否かの判定についても**Ｑ３—19**を参照してください。

３．使用制限を受ける欠損金額

上記**２．**における使用制限を受ける場合に該当するときは，合併法人における一定の欠損金額はないものとされますが，ないものとされる欠損金額は支配関係の発生した事業年度の前後で区分して計算します。

(1) 合併法人の支配関係事業年度前の繰越欠損金

⇒繰越欠損金の全額（注１）

支配関係事業年度前の繰越欠損金については，合併法人の繰越欠損金を不当に利用することを防止するため，その全額が使用制限の対象となります。

⑵　合併法人の支配関係事業年度以後の繰越欠損金

⇒繰越欠損金のうち，特定資産譲渡等損失額に相当する金額に達するまでの金額（注２）

支配関係事業年度以後の繰越欠損金については，原則として使用制限を受けませんが，支配関係前から保有している含み損資産を適格合併等の前に譲渡したことによって実現した損失額については，使用制限を設けることとしています。なお，その譲渡が適格合併等の日の属する事業年度において行われた場合には，Ｑ３―24の特定資産譲渡等損失額の損金不算入の規定の対象となります。

（注１）　合併法人の支配関係事業年度前の各事業年度で，適格合併等の日の属する事業年度開始の日前10年以内に開始した各事業年度に該当する事業年度において生じた欠損金額（法人税法57④一）。

（注２）　合併法人の支配関係事業年度以後の各事業年度で，適格合併等の日の属する事業年度開始の日前10年以内に開始した各事業年度に該当する事業年度ごとに生じた欠損金額のうち，その事業年度を特定資産譲渡等損失額の損金不算入の規定が適用される事業年度と仮定した場合に，合併法人において最後に支配関係があることとなった日の属する事業年度開始の日前から有していた資産から生じた特定資産譲渡等損失額に相当する金額に達するまでの金額（法人税法57④二，法人税施行令112⑪）。

４．使用制限が緩和される場合

Ｑ３―20と同様に，合併法人の支配関係事業年度の直前事業年度末における，①時価純資産価額，②簿価純資産価額，③繰越欠損金の金額を比較し，支配関係事業年度前後の繰越欠損金の区分ごとに，使用制限を受ける金額を計算することができます（法人税施行令113④）。

ここでいう時価純資産価額等の金額は，合併法人の支配関係事業年度の直前事業年度末の金額であることに注意する必要があります。

(1) 時価純資産価額≧簿価純資産価額 かつ 時価純資産超過額※1≧繰越欠損金の場合

欠損金	支配関係事業年度前の繰越欠損金	支配関係事業年度以後の繰越欠損金
使用制限	なし	なし

(2) 時価純資産価額≧簿価純資産価額 かつ 時価純資産超過額※1＜繰越欠損金の場合

欠損金	支配関係事業年度前の繰越欠損金	支配関係事業年度以後の繰越欠損金
使用制限	時価純資産超過額※1を超える部分（合併法人の含み益相当額を超える部分）	なし

(3) 時価純資産価額＜簿価純資産価額の場合

欠損金	支配関係事業年度前の繰越欠損金	支配関係事業年度以後の繰越欠損金
使用制限	全額	特定資産譲渡等損失額に相当する金額のうち簿価純資産超過額※2に相当する金額に達するまでの金額 （合併法人の含み損相当額までの特定資産譲渡等損失相当額）

※1　時価純資産超過額とは，時価純資産価額が簿価純資産価額を超える場合のその超える部分の金額をいいます。

※2　簿価純資産超過額とは，簿価純資産価額が時価純資産価額を超える場合のその超える部分の金額をいいます。

5．実務上の留意点

繰越欠損金の制限規定は被合併法人のみならず，合併法人においても規定されているため，適格合併等に伴い合併法人がもともと有していた繰越欠損金の使用に制限が入るか否かの検討を行う必要があることに注意してください。

Q3-22 みなし共同事業要件

支配関係のある法人間で適格合併が行われた場合において，その合併がみなし共同事業要件を満たす合併であるときは，被合併法人と合併法人の支配関係の発生時期にかかわらず，被合併法人の繰越欠損金の引継制限は課されないと聞きましたが，そのみなし共同事業要件の内容について教えてください。

（ポイント）

- みなし共同事業要件とは，⑴事業関連性の要件，⑵規模の要件，⑶被合併事業の規模継続の要件，⑷合併事業の規模継続の要件，⑸経営参画の要件をいう。
- みなし共同事業要件を満たす適格合併とは，⑴から⑷までの要件を満たす適格合併又は⑴及び⑸の要件を満たす適格合併のいずれかをいう。
- みなし共同事業要件を満たす適格合併が行われた場合には，合併法人においても繰越欠損金の使用制限の規定，特定資産譲渡等損失額の損金不算入の規定の適用はない。

A

1．制度の趣旨

Ｑ３―19からＱ３―20までのとおり，一定の支配関係のもとで適格合併が行われた場合には，被合併法人の繰越欠損金については，引継制限が課されることになります。しかし，みなし共同事業要件を満たす適格合併については，繰越欠損金の利用を目的とした合併ではなく，事業の継続・発展に必要な合併であると考えられるため，支配関係の発生時期にかかわらず，繰越欠損金の引継制限を課さないこととされています。

2．みなし共同事業要件を満たす適格合併

次の⑴から⑷までの要件を満たす適格合併又は⑴及び⑸の要件を満たす適格合併については，被合併法人の繰越欠損金の引継制限は課されません。

なお，実務上は⑴及び⑸の要件を満たした適格合併により，繰越欠損金の引継ぎを行うケースが多いものと考えられます。

⑴　事業関連性の要件

被合併法人の主要な事業と合併法人の事業とが相互に関連するものであること（法人税施行令112③一）。

この場合，被合併法人の事業については「主要な事業」である必要がありますが，合併法人の事業については，「主要な事業」である必要はありませんので，事業関連性の判定を行う際には留意が必要です。

⑵　規模の要件

被合併法人の事業と合併法人の事業のそれぞれの①売上金額，②従業者数，③資本金の額，④これらに準ずるもののいずれかが概ね５倍を超えないこと（法人税施行令112③二）。

なお，規模の指標として「④これらに準ずるもの」とは，例えば，金融機関における預金量等，客観的・外形的にその事業の規模を表すものと認められる指標をいうものとされています（法人税基本通達1－4－6）。

⑶　被合併事業の規模継続の要件

被合併法人の事業が支配関係の生じたときから合併直前まで継続して行われており，かつ，支配関係の生じたときと合併直前のときにおける被合併法人の事業の規模（上記⑵において採用した①から④のいずれか）が概ね２倍を超えないこと（法人税施行令112③三）。

このように，支配関係が生じたときと合併直前のときの２つの時点において，被合併法人の事業の規模を比較することになります。この場合に比較する規模の指標は，上記⑵において採用した指標を用いる必要があります。

⑷　合併事業の規模継続の要件

合併法人の事業が支配関係の生じたときから合併直前まで継続して行われて

おり，かつ，支配関係の生じたときと合併直前のときにおける合併法人の事業の規模（上記(2)において採用した①から④のいずれか）が概ね２倍を超えないこと（法人税施行令112③四）。

上記(3)と同様に，支配関係が生じたときと合併直前のときの２つの時点において，合併法人の事業の規模を比較することになります。この場合にも比較する規模の指標は上記(2)において採用した指標を用いる必要があります。

(5) 経営参画の要件

支配関係発生日前における被合併法人の特定役員のいずれかの者と合併法人の特定役員のいずれかの者が，合併後に合併法人の特定役員になることが見込まれていること（法人税施行令112③五）。

ここでいう特定役員とは，社長，副社長，代表取締役，代表執行役，専務取締役，常務取締役又はこれらに準ずる者で法人の経営に従事している者をいいます（法人税基本通達１－４－７）。

なお，特定役員が極端に短期間で退任したり，特定役員として就任はしたものの，実際にはその職務を遂行していない場合（名目的な特定役員である場合）などには，経営参画要件を形式的に満たすためだけに就任させたのではないかと見られる余地もありますので注意が必要です。

３．合併法人での取扱い

Ｑ３―21の合併法人における繰越欠損金の使用制限の規定，**Ｑ３―24**の特定資産譲渡等損失額の損金不算入の規定についても，みなし共同事業要件を満たす適格合併の場合には，支配関係の発生時期にかかわらず，これらの規定の適用はありません（法人税施行令112⑩）。

Q3-23 繰越欠損金の引継ぎ（申告書の記載例）

合併法人が被合併法人より繰越欠損金の引継ぎを行う場合の法人税申告書別表の記載方法について教えてください。

（ポイント）

- 合併法人の別表七㈠「欠損金又は災害損失金の損金算入等に関する明細書」の他に，適格合併の形態に応じて，別表七㈠付表一「適格組織再編成等が行われた場合の調整後の控除未済欠損金額の計算に関する明細書」その他の付表を法人税確定申告書に添付する。
- あわせて，被合併法人の適格合併の日の前日の属する事業年度の法人税確定申告書に添付された別表七㈠を合併法人の法人税確定申告書に添付する。
- 事業税の別表についても法人税の申告書別表の記載方法に準ずる。

1．具体例（支配関係のない法人と共同事業を営むための適格合併）

【前提】

- Ａ社を合併法人とし，支配関係のないＢ社を被合併法人とする適格合併
- 適格合併の日：X8年12月１日
- Ａ社の状況：資本金1,000万円（株主は個人甲）
  ３月決算，欠損金及び所得金額の発生状況は以下のとおり

X5/3期	X6/3期	X7/3期	X8/3期	X9/3期
▲50	▲100	▲300	▲100	300

- Ｂ社の状況：12月決算，欠損金の発生状況は以下のとおり

X5/12期	X6/12期	X7/12期	X8/11期
▲200	▲200	▲300	▲350

この場合におけるＡ社のX9／３期の法人税確定申告書別表七㈠及び別表七

㈠付表一の記載は次のとおりとなります。これらの別表に記載のとおり，Ｂ社の繰越欠損金の全額である1,050を引き継ぐとともに，Ａ社の繰越欠損金550に対する使用制限はありません。

なお，支配関係のないＢ社と共同事業を営むための適格合併であることから，特例計算を行う必要がないため，別表七㈠付表三は不要です。また，Ｂ社のX8／11期における別表七㈠を添付することになります。

事業税についても第六号様式別表九（欠損金額等及び災害損失金の控除明細書）及び第六号様式別表十二（適格組織再編成等が行われた場合の調整後の控除未済欠損金額等の計算に関する明細書）を作成する必要がありますが，これらの別表の記載方法についても，法人税の別表の記載方法に準じて作成します。

欠損金又は災害損失金の損金算入等に関する明細書

事業年度	X8・4・1 X9・3・31	法人名	A社

別表七(一)　令三・四・一以後終了事業年度分

控除前所得金額 (別表四「39の①」)－(別表七(二)「9」又は「21」)	1	300円	所得金額控除限度額 (1)×50又は100/100	2	300円

事業年度	区分	控除未済欠損金額 3	当期控除額 (当該事業年度の(3)と((2)－当該事業年度前の(4)の合計額)のうち少ない金額) 4	翌期繰越額 ((3)－(4))又は(別表七(三)「15」) 5
・・	青色欠損・連結みなし欠損・災害損失	円	円	
・・	青色欠損・連結みなし欠損・災害損失			円
・・	青色欠損・連結みなし欠損・災害損失			
・・	青色欠損・連結みなし欠損・災害損失			
・・	青色欠損・連結みなし欠損・災害損失			
・・	青色欠損・連結みなし欠損・災害損失			
X4・4・1 X5・3・31	(青色欠損)・連結みなし欠損・災害損失	250	250	0
X5・4・1 X6・3・31	(青色欠損)・連結みなし欠損・災害損失	300	50	250
X6・4・1 X7・3・31	(青色欠損)・連結みなし欠損・災害損失	600	0	600
X7・4・1 X8・3・31	(青色欠損)・連結みなし欠損・災害損失	450	0	450
計		1,600	300	1,300
当期分	欠損金額 (別表四「48の①」)		欠損金の繰戻し額	
	同上のうち 災害損失金			
	同上のうち 青色欠損金			
合計				1,300

災害により生じた損失の額の計算

災害の種類			災害のやんだ日又はやむを得ない事情のやんだ日	・・
災害を受けた資産の別		棚卸資産 ①	固定資産 (固定資産に準ずる繰延資産を含む。) ②	計 ①＋② ③
当期の欠損金額 (別表四「48の①」)	6			円
災害により生じた損失の額 資産の滅失等により生じた損失の額	7	円	円	
被害資産の原状回復のための費用等に係る損失の額	8			
被害の拡大又は発生の防止のための費用に係る損失の額	9			
計 (7)＋(8)＋(9)	10			
保険金又は損害賠償金等の額	11			
差引災害により生じた損失の額 (10)－(11)	12			
同上のうち所得税額の還付又は欠損金の繰戻しの対象となる災害損失金額	13			
中間申告における災害損失欠損金の繰戻し額	14			
繰戻しの対象となる災害損失欠損金額 ((6の③)と((13の③)－(14の③))のうち少ない金額)	15			
繰越控除の対象となる損失の額 ((6の③)と((12の③)－(14の③))のうち少ない金額)	16			

適格組織再編成等が行われた場合の調整後の控除未済欠損金額の計算に関する明細書

別表七(一)付表一　令三・四・一以後終了事業年度分

事業年度	X8・4・1 X9・3・31	法人名	A社

適格組織再編成等が行われた場合の調整後の控除未済欠損金額

事業年度	欠損金の区分	控除未済欠損金額又は調整後の当該法人分の控除未済欠損金額（前期の別表七(一)「5」又は(4)、(7)若しくは別表七(一)付表三「5」若しくは別表七(一)付表四「5」） 1	被合併法人等の事業年度	欠損金の区分	被合併法人等から引継ぎを受ける未処理欠損金額（適格合併等の別：(適格合併)・残余財産の確定　適格合併等の日：X8・12・1　被合併法人等の名称：B社）被合併法人等の未処理欠損金額（最終の事業年度の別表七(一)「5」又は(4)、(7)若しくは別表七(一)付表三「5」） 2	調整後の控除未済欠損金額 (1)＋(2) 3
X4・4・1 X5・3・31	青色	50 円	X5・1・1 X5・12・31	青色	200 円	250 円
X5・4・1 X6・3・31	青色	100	X6・1・1 X6・12・31	青色	200	300
X6・4・1 X7・3・31	青色	300	X7・1・1 X7・12・31	青色	300	600
X7・4・1 X8・3・31	青色	100	X8・1・1 X8・11・30	青色	350	450
・ ・			・ ・			
・ ・			・ ・			
・ ・			・ ・			
・ ・			・ ・			
・ ・			・ ・			
・ ・			・ ・			
計		550	計		1,050	1,600

支配関係がある法人との間で適格組織再編成等が行われた場合の未処理欠損金額又は控除未済欠損金額の調整計算の明細

適格組織再編成等の別	合併（適格・非適格）・残余財産の確定・適格分割・適格現物出資・適格現物分配	適格組織再編成等の日	・ ・
対象法人の別	被合併法人等（名称：　　）・当該法人	支配関係発生日	・ ・

対象法人の事業年度	欠損金の区分	共同事業要件に該当する場合又は5年継続支配関係がある場合のいずれかに該当する場合：被合併法人等の未処理欠損金額又は当該法人の控除未済欠損金額（被合併法人等の最終の事業年度の別表七(一)「5」又は当該法人の前期の別表七(一)「5」） 4	共同事業要件に該当する場合又は5年継続支配関係がある場合のいずれにも該当しない場合：被合併法人等の未処理欠損金額又は当該法人の控除未済欠損金額（被合併法人等の最終の事業年度の別表七(一)「5」又は当該法人の前期の別表七(一)「5」） 5	支配関係事業年度以後の事業年度の欠損金額のうち特定資産譲渡等損失相当額以外の部分から成る欠損金額 (8)－(12) 6	引継ぎを受ける未処理欠損金額又は調整後の当該法人分の控除未済欠損金額（支配関係事業年度前の事業年度にあっては0、支配関係事業年度以後の事業年度にあっては(5)と(6)のうち少ない金額） 7
・ ・		円	円	円	円
・ ・					
・ ・					
・ ・					
・ ・					
・ ・					
・ ・					
・ ・					
・ ・					
・ ・					
計					

支配関係事業年度以後の欠損金額のうち特定資産譲渡等損失相当額の計算の明細

対象法人の支配関係事業年度以後の事業年度	支配関係事業年度以後の事業年度の欠損金発生額（支配関係事業年度以後の事業年度のそれぞれの別表七(一)「当期分の青色欠損金」） 8	欠損金額のうち特定資産譲渡等損失相当額の計算：特定引継資産又は特定保有資産の譲渡等特定事由による損失の額の合計額 9	特定引継資産又は特定保有資産の譲渡又は評価換えによる利益の額の合計額 10	特定資産譲渡等損失額（(9)－(10)）又は（別表七(一)付表二「5」） 11	欠損金額のうち特定資産譲渡等損失相当額（(8)と(11)のうち少ない金額） 12
・ ・	内 円	円	円	円	円
・ ・	内				
・ ・	内				
・ ・	内				
・ ・	内				
計					

２．具体例（繰越欠損金の使用制限，引継制限を受ける場合）

【前提】

- Ａ社を合併法人とし，100％子会社であるＢ社を被合併法人とする適格合併
- みなし共同事業要件は満たしていない
- Ａ社及びＢ社ともに，繰越欠損金の使用制限，引継制限を緩和する特例計算は行わないものとする
- 適格合併の日：X8年12月１日
- 支配関係の発生日：X7年10月１日
- Ａ社の状況：資本金1,000万円（株主は個人甲）
  ３月決算，欠損金及び所得の発生状況は以下のとおり

支配関係事業年度前			支配関係事業年度以後	
X5/3期	X6/3期	X7/3期	X8/3期	X9/3期
▲50	▲100	▲300	▲100※	300

※ X8／３期で生じた欠損金額には，特定資産譲渡等損失額に相当する金額はない。

- Ｂ社の状況：12月決算，欠損金の発生状況は以下のとおり

支配関係事業年度前		支配関係事業年度以後	
X5/12期	X6/12期	X7/12期	X8/11期
▲200	▲200	▲300 (▲400※)	▲350 (▲200※)

※　カッコ書きはその事業年度で発生した特定資産譲渡等損失額に相当する金額。

この場合におけるＡ社の X9／３期の法人税確定申告書別表七㈠，別表七㈠付表一の記載は次のとおりとなりますが，別表七㈠付表一はＡ社及びＢ社ごとに作成します。

これらの別表に記載のとおり，Ａ社及びＢ社の支配関係事業年度前の繰越欠損金450及び400についてその使用制限及び引継制限を受けるとともに，Ｂ社の支配関係事業年度以後の繰越欠損金のうち，特定資産譲渡等損失額に相当する

金額からなる部分の金額500についてその引継制限を受けることになります。

なお，A社及びB社ともに，繰越欠損金の使用制限，引継制限を緩和する特例計算は行わないため，別表七㈠付表三は使用しません。また，B社のX8／11期における別表七㈠を添付することになります。

事業税についても第六号様式別表九（欠損金額等及び災害損失金の控除明細書）及び第六号様式別表十二（適格組織再編成等が行われた場合の調整後の控除未済欠損金額等の計算に関する明細書）を作成する必要がありますが，これらの別表の記載方法についても，法人税の別表の記載方法に準じて作成します。

欠損金又は災害損失金の損金算入等に関する明細書

事業年度	X8・4・1 X9・3・31	法人名	A社

別表七(一)　令三・四・一以後終了事業年度分

控除前所得金額 (別表四「39の①」)－(別表七(二)「9」又は「21」)	1	300円	所得金額控除限度額 (1)×50又は100/100	2	300円

事業年度	区分	控除未済欠損金額 3	当期控除額 (当該事業年度の(3)と((2)－当該事業年度前の(4)の合計額)のうち少ない金額) 4	翌期繰越額 ((3)－(4))又は(別表七(三)「15」) 5
・・	青色欠損・連結みなし欠損・災害損失	円	円	
・・	青色欠損・連結みなし欠損・災害損失			円
・・	青色欠損・連結みなし欠損・災害損失			
・・	青色欠損・連結みなし欠損・災害損失			
・・	青色欠損・連結みなし欠損・災害損失			
・・	青色欠損・連結みなし欠損・災害損失			
・・	青色欠損・連結みなし欠損・災害損失			
・・	青色欠損・連結みなし欠損・災害損失			
・・	青色欠損・連結みなし欠損・災害損失			
X7・4・1 X8・3・31	(青色欠損)・連結みなし欠損・災害損失	250	250	0
計		250	250	0
当期分	欠損金額 (別表四「48の①」)		欠損金の繰戻し額	
当期分 同上のうち	災害損失金			
当期分 同上のうち	青色欠損金			
合計				0

災害により生じた損失の額の計算

災害の種類			災害のやんだ日又はやむを得ない事情のやんだ日	・・
災害を受けた資産の別		棚卸資産 ①	固定資産 (固定資産に準ずる繰延資産を含む。) ②	計 ①＋② ③
当期の欠損金額 (別表四「48の①」)	6			円
災害により生じた損失の額 資産の滅失等により生じた損失の額	7	円	円	
被害資産の原状回復のための費用等に係る損失の額	8			
被害の拡大又は発生の防止のための費用に係る損失の額	9			
計 (7)＋(8)＋(9)	10			
保険金又は損害賠償金等の額	11			
差引災害により生じた損失の額 (10)－(11)	12			
同上のうち所得税額の還付又は欠損金の繰戻しの対象となる災害損失金額	13			
中間申告における災害損失欠損金の繰戻し額	14			
繰戻しの対象となる災害損失欠損金額 ((6の③)と((13の③)－(14の③))のうち少ない金額)	15			
繰越控除の対象となる損失の額 ((6の③)と((12の③)－(14の③))のうち少ない金額)	16			

適格組織再編成等が行われた場合の調整後の控除未済欠損金額の計算に関する明細書

事業年度	X8・4・1 X9・3・31	法人名	A社

別表七(一)付表一　令三・四・一以後終了事業年度分

適格組織再編成等が行われた場合の調整後の控除未済欠損金額

事業年度	欠損金の区分	控除未済欠損金額又は調整後の当該法人分の控除未済欠損金額 (前期の別表七(一)「5」又は(4)、(7)若しくは別表七(一)付表二「5」若しくは別表七(一)付表四「5」)	被合併法人等から引継ぎを受ける未処理欠損金額 (適格合併等の別：(適格合併)・残余財産の確定 適格合併等の日：X8・12・1 被合併法人等の名称：B社) 被合併法人等の事業年度	欠損金の区分	被合併法人等の未処理欠損金額 (最終の事業年度の別表七(一)「5」又は(4)、(7)若しくは別表七(一)付表三「5」)	調整後の控除未済欠損金額 (1)＋(2)
		1			2	3
X4・4・1 X5・3・31	青色	0 円	X5・1・1 X5・12・31	青色	0 円	0 円
X5・4・1 X6・3・31	青色	0	X6・1・1 X6・12・31	青色	0	0
X6・4・1 X7・3・31	青色	0	X7・1・1 X7・12・31	青色	0	0
X7・4・1 X8・3・31	青色	100	X8・1・1 X8・11・30	青色	150	250
：　：			：　：			
：　：			：　：			
：　：			：　：			
：　：			：　：			
：　：			：　：			
：　：			：　：			
計		100	計		150	250

支配関係がある法人との間で適格組織再編成等が行われた場合の未処理欠損金額又は控除未済欠損金額の調整計算の明細

適格組織再編成等の別	合併(適格・非適格)・残余財産の確定・適格分割・適格現物出資・適格現物分配	適格組織再編成等の日	X8・12・1
対象法人の別	被合併法人等(名称：　　)・(当該法人)	支配関係発生日	X7・10・1

対象法人の事業年度	欠損金の区分	共同事業要件に該当する場合又は5年継続支配関係がある場合のいずれかに該当する場合 被合併法人等の未処理欠損金額又は当該法人の控除未済欠損金額 (被合併法人等の最終の事業年度の別表七(一)「5」又は当該法人の前期の別表七(一)「5」)	共同事業要件に該当する場合又は5年継続支配関係がある場合のいずれにも該当しない場合 被合併法人等の未処理欠損金額又は当該法人の控除未済欠損金額 (被合併法人等の最終の事業年度の別表七(一)「5」又は当該法人の前期の別表七(一)「5」)	支配関係事業年度以後の事業年度の欠損金額のうち特定資産譲渡等損失相当額以外の部分から成る欠損金額 (8)－(12)	引継ぎを受ける未処理欠損金額又は調整後の当該法人分の控除未済欠損金額 (支配関係事業年度前の事業年度にあっては0、支配関係事業年度以後の事業年度にあっては(5)と(6)のうち少ない金額)
		4	5	6	7
X4・4・1 X5・3・31	青色	円	50 円	0 円	0 円
X5・4・1 X6・3・31	青色		100	0	0
X6・4・1 X7・3・31	青色		300	0	0
X7・4・1 X8・3・31	青色		100	100	100
：　：					
：　：					
：　：					
：　：					
：　：					
：　：					
計			550	100	100

支配関係事業年度以後の欠損金額のうち特定資産譲渡等損失相当額の計算の明細

対象法人の支配関係事業年度以後の事業年度	支配関係事業年度以後の事業年度の欠損金発生額 (支配関係事業年度以後の事業年度のそれぞれの別表七(一)「当期分の青色欠損金」)	欠損金額のうち特定資産譲渡等損失相当額の計算 特定引継資産又は特定保有資産の譲渡等特定事由による損失の額の合計額	特定引継資産又は特定保有資産の譲渡又は評価換えによる利益の額の合計額	特定資産譲渡等損失額 ((9)－(10))又は(別表七(一)付表二「5」)	欠損金額のうち特定資産譲渡等損失相当額 ((8)と(11)のうち少ない金額)
	8	9	10	11	12
X7・4・1 X8・3・31	内 100 円	0 円	0 円	0 円	0 円
：　：	内				
：　：	内				
：　：	内				
：　：	内				
計	100	0	0	0	0

別表七(一)付表一　令三・四・一以後終了事業年度分

適格組織再編成等が行われた場合の調整後の控除未済欠損金額の計算に関する明細書

事業年度	X8・4・1 X9・3・31	法人名	A社

適格組織再編成等が行われた場合の調整後の控除未済欠損金額

事業年度	欠損金の区分	控除未済欠損金額又は調整後の当該法人分の控除未済欠損金額（前期の別表七(一)「5」又は(4)、(7)若しくは別表七(一)付表三「5」若しくは別表七(一)付表四「5」） 1	被合併法人等から引継ぎを受ける未処理欠損金額（適格合併等の別：適格合併・残余財産の確定　適格合併等の日：・・　被合併法人等の名称：）被合併法人等の事業年度	欠損金の区分	被合併法人等の未処理欠損金額（最終の事業年度の別表七(一)「5」又は(4)、(7)若しくは別表七(一)付表三「5」） 2	調整後の控除未済欠損金額 (1)＋(2) 3
：：		円	：：		円	円
：：			：：			
：：			：：			
：：			：：			
：：			：：			
：：			：：			
：：			：：			
：：			：：			
：：			：：			
：：			：：			
計			計			

支配関係がある法人との間で適格組織再編成等が行われた場合の未処理欠損金額又は控除未済欠損金額の調整計算の明細

適格組織再編成等の別	合併（(適格)・非適格）・残余財産の確定・適格分割・適格現物出資・適格現物分配	適格組織再編成等の日	X8・12・1
対象法人の別	(被合併法人等)（名称：B社）・当該法人	支配関係発生日	X7・10・1

対象法人の事業年度	欠損金の区分	共同事業要件に該当する場合又は5年継続支配関係がある場合のいずれかに該当する場合：被合併法人等の未処理欠損金額又は当該法人の控除未済欠損金額（被合併法人等の最終の事業年度の別表七(一)「5」又は当該法人の前期の別表七(一)「5」） 4	共同事業要件に該当する場合又は5年継続支配関係がある場合のいずれにも該当しない場合：被合併法人等の未処理欠損金額又は当該法人の控除未済欠損金額（被合併法人等の最終の事業年度の別表七(一)「5」又は当該法人の前期の別表七(一)「5」） 5	支配関係事業年度以後の事業年度の欠損金額のうち特定資産譲渡等損失相当額以外の部分から成る欠損金額 (8)－(12) 6	引継ぎを受ける未処理欠損金額又は調整後の当該法人分の控除未済欠損金額（支配関係事業年度前の事業年度にあっては0、支配関係事業年度以後の事業年度にあっては(5)と(6)のうち少ない金額） 7
X5・1・1 X5・12・31	青色	円	200 円	0 円	0 円
X6・1・1 X6・12・31	青色		200	0	0
X7・1・1 X7・12・31	青色		300	0	0
X8・1・1 X8・11・30	青色		350	150	150
：：					
：：					
：：					
：：					
：：					
：：					
計			1,050	150	150

支配関係事業年度以後の欠損金額のうち特定資産譲渡等損失相当額の計算の明細

対象法人の支配関係事業年度以後の事業年度	支配関係事業年度以後の事業年度の欠損金発生額（支配関係事業年度以後の事業年度のそれぞれの別表七(一)「当期分の青色欠損金」） 8	欠損金額のうち特定資産譲渡等損失相当額の計算：特定引継資産又は特定保有資産の譲渡等特定事由による損失の額の合計額 9	特定引継資産又は特定保有資産の譲渡又は評価換えによる利益の額の合計額 10	特定資産譲渡等損失額（(9)－(10)）又は（別表七(一)付表二「5」） 11	欠損金額のうち特定資産譲渡等損失相当額（(8)と(11)のうち少ない金額） 12
X7・1・1 X7・12・31	内 300 円	400 円	0 円	400 円	300 円
X8・1・1 X8・11・30	内 350	200	0	200	200
：：	内				
：：	内				
：：	内				
計	650	600	0	600	500

（参考） 被合併法人における繰越欠損金の引継制限の判定フローチャート

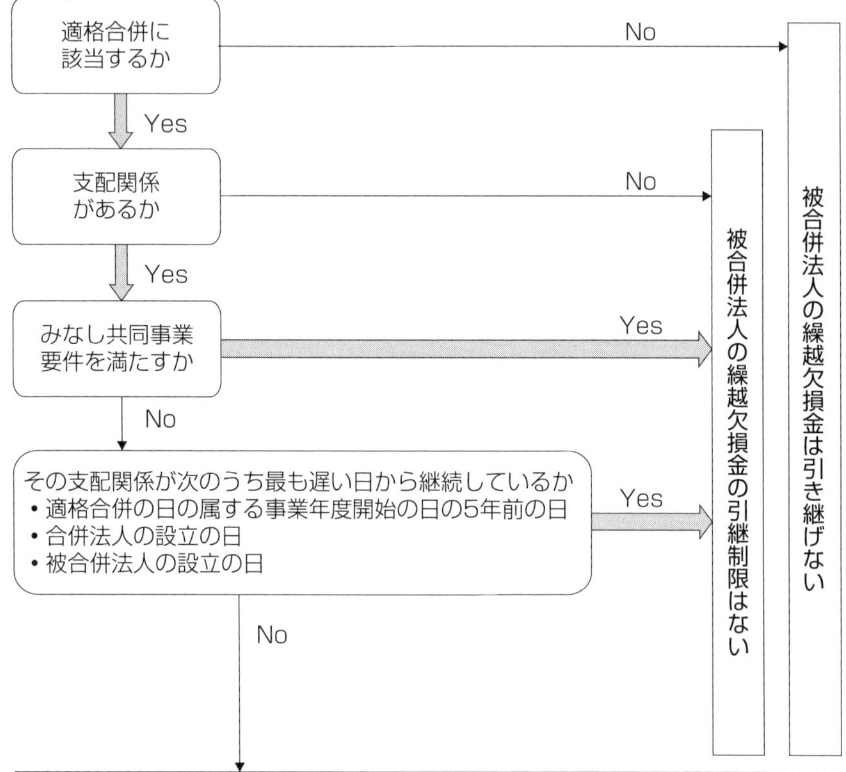

<u>被合併法人の繰越欠損金の引継制限あり</u>

被合併法人における以下の欠損金はないものとされる（注）

・支配関係事業年度前に生じた欠損金
・支配関係事業年度以後に生じた欠損金のうち，特定資産譲渡等損失額に相当する金額からなる部分の金額

（注） 一定の要件に該当する場合には，Q３―20のとおり特例計算による引継制限の緩和措置が設けられている。

（参考）　合併法人における繰越欠損金の使用制限の判定フローチャート

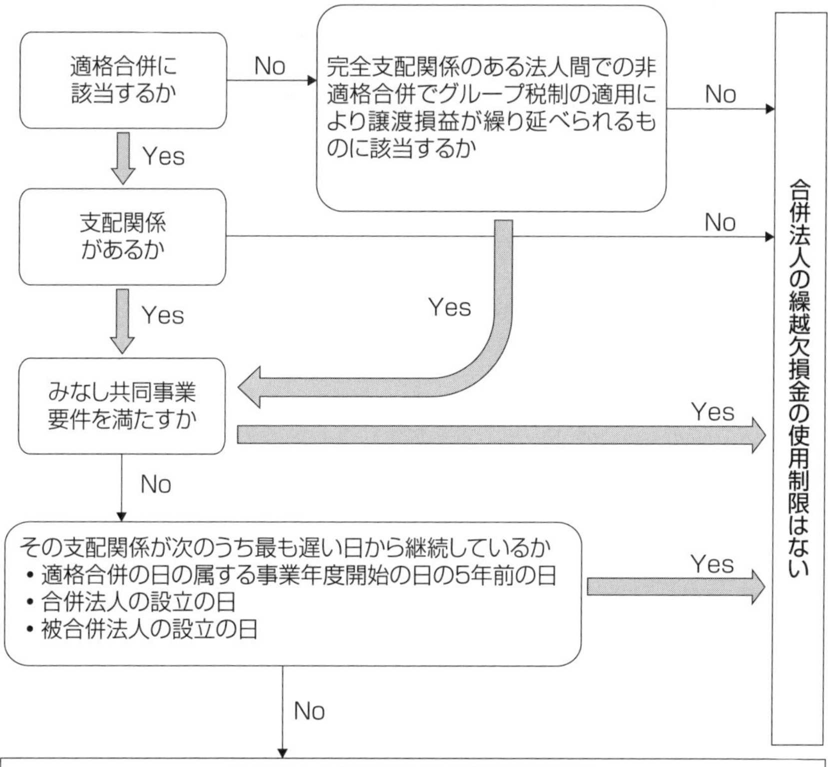

<u>合併法人の繰越欠損金の使用制限あり</u>

合併法人における以下の欠損金はないものとされる（注）
- 支配関係事業年度前に生じた欠損金
- 支配関係事業年度以後に生じた欠損金のうち，特定資産譲渡等損失額に相当する金額からなる部分の金額

（注）　一定の要件に該当する場合には，Ｑ３―21のとおり特例計算による使用制限の緩和措置が設けられている。

Q3-24 特定資産に係る譲渡等損失額の損金不算入

一定の合併が行われた場合においては，特定資産に係る譲渡等損失額の損金不算入制度の適用があると聞きましたが，この制度の内容について教えてください。

（ポイント）

- 支配関係が成立してから５年以内の法人間で，適格合併等が行われた場合には，適用期間内に生じる特定資産譲渡等損失額は損金の額に算入されない。
- 適用期間とは，合併の日を含む事業年度の開始の日から同日以後３年を経過する日又は最後に支配関係があることとなった日以後５年を経過する日のいずれか早い日までをいう。
- 特定資産譲渡等損失額とは，合併法人が被合併法人から移転を受けた資産で，支配関係発生日の属する事業年度開始の日前から有していた資産（特定引継資産）及び合併法人が支配関係発生日の属する事業年度開始の日前から有していた資産（特定保有資産）の譲渡等から生じた損失額をいう。

A

1．制度の概要

支配関係がある法人間での簿価移転による合併が行われた場合においては，その後，一定の期間内に特定の資産を譲渡等することによって損失が生じたとしても，その損失の額は損金不算入とする制度です。

例えば，ある法人が含み損資産を有する他の法人を買収し，支配関係を構築した上で適格合併を行えば，当該含み損資産を合併法人に簿価で引き継ぐことが可能です。その後，当該含み損資産を譲渡すれば含み損を合併法人側で実現させることができます。このような資産の含み損の利用のみを目的とした租税回避行為を防止する観点から本制度が設けられています。

このような租税回避が行われる可能性があるのは，グループ内合併の適格要件には共同事業を営むための要件がないためです。したがって，含み損を抱えた会社を買収して支配関係を構築してしまえば，比較的容易に含み損を取り込むことができてしまいます。このようにして取り込んだ含み損資産を一定期間内に譲渡等を行うことによって実現した損失については，損金の額に算入することができません。

しかし，この制度が設けられたことにより，租税回避目的ではないケースにおいても，合併後一定期間内に特定の資産を譲渡等することによって損金不算入の適用を受けてしまうことがあるため，取扱いには十分に注意する必要があります。

2．対象となる合併

この制度の対象となるのは，

① 完全支配関係及び支配関係がある法人間の適格合併
（グループ内の適格合併）

② 完全支配関係のある法人間の非適格合併でグループ法人税制の適用により譲渡損益が繰り延べられるもの

のうち，みなし共同事業要件（Q３—22参照）に該当しないものをいいます。

3．制限を受ける期間（適用期間）

この制度の対象期間である適用期間とは，合併事業年度開始の日から以下のいずれか早い日までをいいます。

① 合併事業年度開始の日から３年を経過する日

② 合併法人と被合併法人の間で最後に支配関係があることとなった日以後５年を経過する日

【例１】 ①の方が早いケース

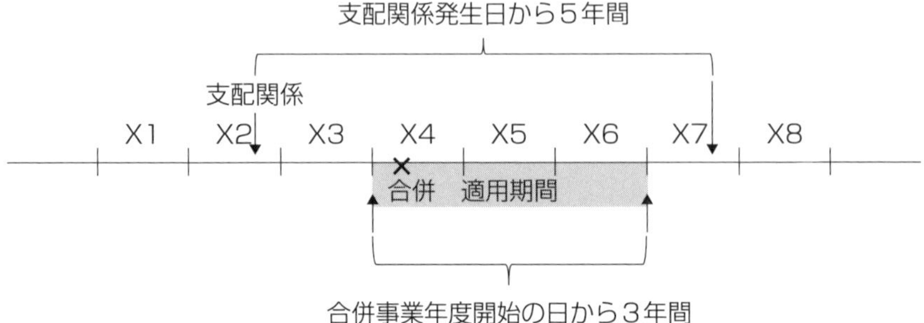

【例２】 ②の方が早いケース

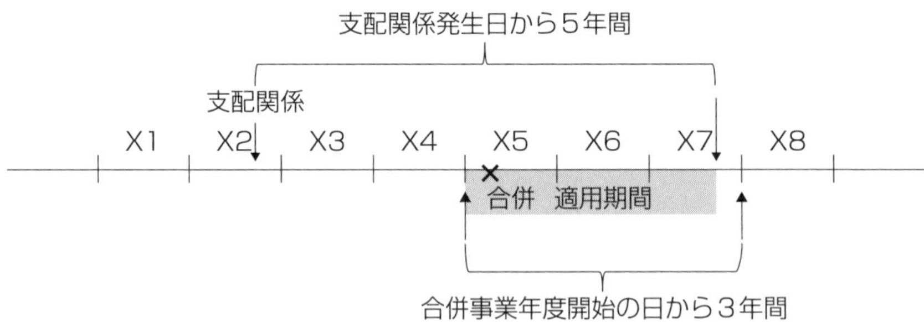

４．対象となる資産の範囲（法人税施行令123の８③）

⑴ 特定引継資産

その法人が支配関係法人から簿価移転による合併により移転を受けた資産のうち，支配関係発生日の属する事業年度開始の日前から有していたものをいいます（①～⑥を除く）。

⑵ 特定保有資産

その法人が支配関係発生日の属する事業年度開始の日前から自ら有していた資産をいいます（①～⑤を除く）。

【対象外となる資産】

① 棚卸資産（土地等を除く）

②　短期売買商品

③　売買目的有価証券

④　合併の日における帳簿価額又は取得価額が1,000万円に満たない資産

※　特定保有資産の場合は合併の日の属する事業年度開始の日

⑤　支配関係発生日の属する事業年度開始の日において，時価が帳簿価額以上（含み益）の資産

※　合併事業年度の確定申告書に明細書を添付し，かつ，一定の書類を保存することが要件となります。

⑥　完全支配関係のある法人間の非適格合併により移転を受けた資産のうち，譲渡損益が繰り延べられるもの以外のもの

5．対象となる譲渡等の範囲

制度の対象となる譲渡等には，資産の譲渡，評価換え，貸倒れ，除却その他これらに類する事由（譲渡等特定事由）が該当します。なお，災害による資産の滅失や損壊，会社更生法等の適用を受ける場合等は，譲渡等特定事由には該当しません（法人税施行令123の８）。

6．特定資産譲渡等損失額の計算

特定引継資産と特定保有資産を区分した上で，それぞれの区分ごとに譲渡等特定事由による損失の額の合計額から譲渡又は評価換えによる利益の額の合計額を控除して計算します。なお，一方の利益の額が損失の額より大きい場合であっても他方の譲渡等損失額と相殺することはできません。

7．留意点

この制度により損金不算入の適用を受けるのは，合併により引き継いだ資産のみならず，合併前から自ら所有していた資産も対象となることから，共同事業要件を満たさない合併を行う場合には，自ら所有している含み損資産の譲渡，除却等のスケジュールに注意する必要があります。

Q3-25 特定資産に係る譲渡等損失額の損金不算入が適用されない場合

特定資産に係る譲渡等損失額の損金不算入制度が適用されない場合とは，どのような場合でしょうか。

(ポイント)

- 支配関係のない法人間の適格合併の場合には，特定資産に係る譲渡等損失額の損金不算入制度の適用はない。
- 支配関係のある法人間の適格合併の場合には，①支配関係が５年超継続している場合，及び，②合併法人又は被合併法人が５年以内に設立され，その設立の日から継続して支配関係がある場合には，特定資産に係る譲渡等損失額の損金不算入制度の適用はない。
- 支配関係が５年以内の法人間の適格合併の場合においても，みなし共同事業要件を満たすときは，特定資産に係る譲渡等損失額の損金不算入制度の適用はない。

A

1．適用の可否

特定資産に係る譲渡等損失額の損金不算入制度については，Q３—24でも述べたとおり，資産の含み損の利用を目的とした適格組織再編成等により租税回避を行うことを防止する観点から設けられた制度です。したがって，その適格組織再編成等が共同で事業を営むためのものに該当するような場合や，５年以上前から継続して支配関係がある場合等には，租税回避のみを目的としたものではないと考えられるため，その損失の制限は受けないこととされています。

2．みなし共同事業要件

特定資産に係る譲渡等損失額の損金不算入制度の適用の対象となる合併は，Q３—22の２．にあるようにみなし共同事業要件に該当しないものになります。みなし共同事業要件の内容は，**Ｑ３―22**と同様となります。

３．新設等により支配関係が生じた場合

合併法人と被合併法人のいずれかが，合併の日以前５年間のうちに設立されており，その設立後継続して支配関係がある場合には，損金不算入制度の適用はありません。

ただし，新設分割型分割等を利用して，形式的に設立後の支配関係の継続要件を満たしているようなケースでは，損金不算入制度の適用があります（法人税施行令123の８①）。

４．適用可否のフローチャート

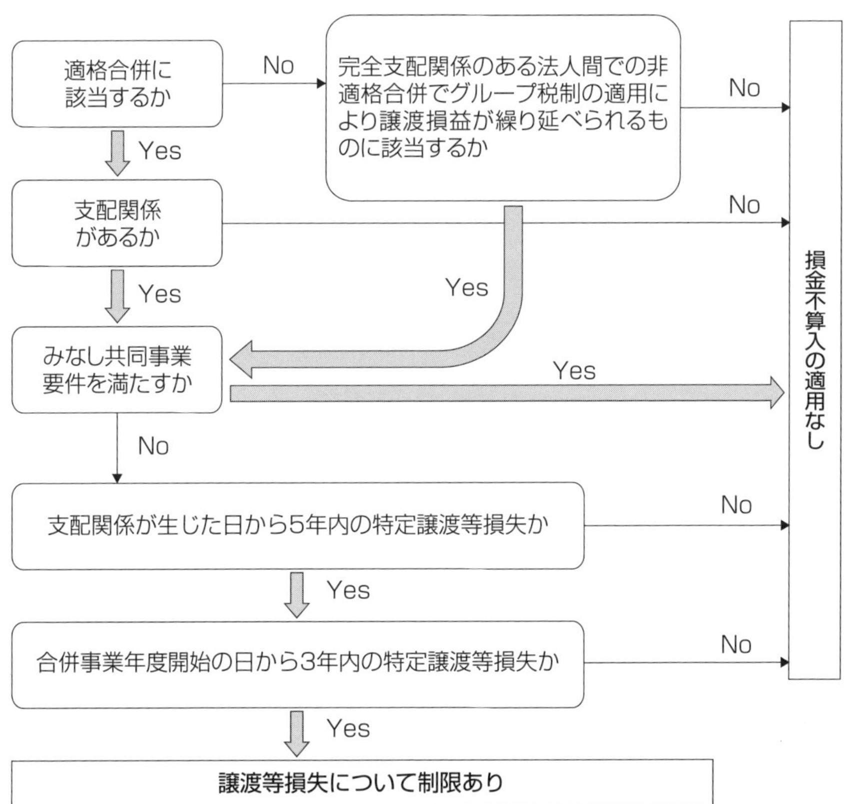

Q3-26 特定資産に係る譲渡等損失額の損金不算入の特例計算

一定の合併が行われた場合において，合併法人において特定資産に係る譲渡等損失額の損金不算入制度の適用を受ける場合にも，特例計算により損金不算入額を緩和することができると聞きましたが，その特例計算の内容について教えてください。

（ポイント）

- 特定引継資産に係る特例計算は，支配関係が生じた事業年度の前事業年度終了の日における被合併法人の時価純資産価額と簿価純資産価額とを比較して，特定資産に係る譲渡等損失額の損金不算入額を計算することができる。
- 特定保有資産に係る特例計算は，支配関係が生じた事業年度の前事業年度終了の日における合併法人の時価純資産価額と簿価純資産価額とを比較して，特定資産に係る譲渡等損失額の損金不算入額を計算することができる。

A

1．特定資産に係る譲渡等損失額の計算の特例

特定資産に係る譲渡等損失額の計算をする場合に，合併法人又は被合併法人について，時価評価を行うことにより譲渡等損失額の損金不算入額を減らすことができるケースがあります。

具体的には次の区分に応じて，それぞれ計算をしていくことになります。

(1) 特定引継資産に係る譲渡等損失額の計算の特例

被合併法人の支配関係事業年度の前事業年度終了時に有する資産及び負債の時価評価を行う必要があります。

被合併法人側	損金不算入額
時価純資産価額≧簿価純資産価額（含み益）	ゼロ
時価純資産価額＜簿価純資産価額（含み損）	簿価純資産超過額（被合併法人の含み損）の範囲内 【例】　簿価純資産超過額：50 特定資産譲渡等損失額：60 損金不算入額＝50（10は損金に算入）

(2)　特定保有資産に係る譲渡等損失額の計算

合併法人の支配関係事業年度の前事業年度終了時に有する資産及び負債の時価評価を行う必要があります。

合併法人側	損金不算入額
時価純資産価額≧簿価純資産価額（含み益）	ゼロ
時価純資産価額＜簿価純資産価額（含み損）	簿価純資産超過額（合併法人の含み損）の範囲内 【例】　簿価純資産超過額：50 特定資産譲渡等損失額：60 損金不算入額＝50（10は損金算入）

したがって，特定保有資産については合併法人側が時価純資産超過（含み益），特定引継資産については被合併法人側が時価純資産超過（含み益）であれば，それぞれ特例計算を行うことにより，損金不算入の適用を受けることはありません。

2．留意点

特例計算の適用を受けるためには，合併事業年度の確定申告書に，別表十四㈥付表を添付し，かつ，一定の書類を保存する必要があります。時価評価を行うのは，あくまでも支配関係事業年度の前事業年度終了時の資産及び負債となるため，買収等により支配関係が生じた場合には，念のため時価評価をしておくこともよいでしょう。

Q3-27　受取配当等の益金不算入，所得税額控除及び減価償却資産の取扱い

合併が行われた場合において，合併法人の受取配当等の益金不算入，所得税額控除の規定の適用及び減価償却資産の取扱いについて留意すべき点を教えてください。

(ポイント)

- 適格合併により移転を受けた株式は，受取配当等の益金不算入の規定の適用上，完全子法人株式等・関連法人株式等・短期所有株式等の判定において，被合併法人の保有期間を合算する。
- 適格合併により移転を受けた利子配当等の元本は，所得税額控除の規定の適用上，控除所得税の計算において，被合併法人の元本所有期間を合算する。
- 適格合併により移転を受けた減価償却資産については，取得価額，取得日，償却方法及び耐用年数について留意する必要がある。

1．適格合併の場合

(1)　受取配当等の益金不算入

①　完全子法人株式等の判定

被合併法人から被合併法人と完全支配関係がある他の内国法人の株式等を，その株式等の配当等の計算期間の末日の翌日から支払いの効力発生日までに適格合併により移転を受けた場合には，被合併法人とその他の内国法人との間に完全支配関係があった期間は，合併法人とその他の内国法人との間に完全支配関係があったものとみなして判定します（法人税法23⑨，法人税施行令22の２③）。

②　関連法人株式等の判定

被合併法人から他の内国法人の発行済株式等の３分の１超の株式等の移転を受けた場合には，被合併法人のその株式等の保有期間は，合併法人の保有期間

とみなして判定します（法人税法23⑨，法人税施行令22の３③）。

③　短期所有株式等の計算

適格合併が，配当等の支払いに係る基準日の１月前の翌日からその配当等の支払効力発生日までの間に行われた場合には，合併法人の短期所有株式等の計算の基礎となる株式等の数は，下記Ａ～Ｅのそれぞれの株式等の数に被合併法人が所有・取得・譲渡した株式等の数を加算します（法人税施行令19②）。

【短期所有株式等の計算における株式等の数】

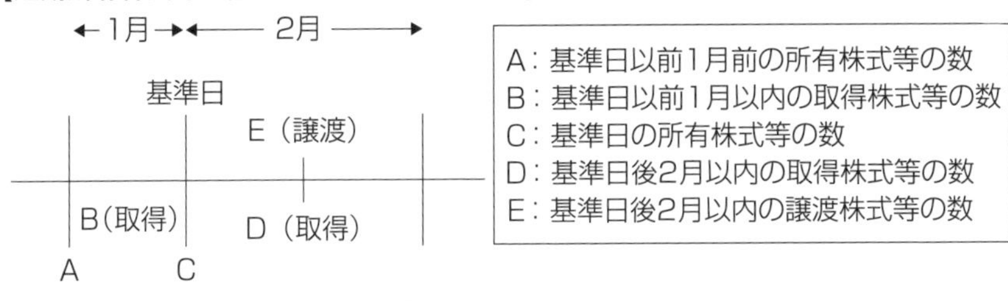

$$短期所有株式等の数 = E \times \frac{C \times \frac{B}{A+B}}{C+D}$$

④　控除負債利子の計算（簡便法）

合併法人の控除負債利子の計算における簡便法の適用は，その適格合併に係る合併法人及び被合併法人のすべてが平成27年４月１日に存在していた場合に限ります（法人税施行令22④）。この場合の支払利子の金額は，基準年度における合併法人及び被合併法人の合計で行います。

(2)　所得税額控除

①　原則法

合併法人の元本の所有期間は，被合併法人から移転を受けた元本の所有期間を含めて計算します（法人税法68，法人税施行令140の２④）。

② 簡便法

合併法人の計算期間開始時の所有元本数は，被合併法人がその計算期間開始時に所有していた元本数を加算して計算します（法人税法68，法人税施行令140の2④)。

(3) 減価償却資産の取扱い

合併法人の適格合併により移転を受けた減価償却資産については，下記のとおり取り扱うことになります。

① 取得価額…被合併法人の取得価額及び合併法人が事業の用に供するために直接要した費用の額の合計額（法人税施行令54①五）

② 取得日…被合併法人の取得日

③ 償却方法…合併法人が採用している償却方法

④ 耐用年数…被合併法人が適用すべき法定耐用年数又は見積っていた中古資産の耐用年数※

※ 適格合併の場合においても，合併法人は被合併法人から引き継いだ減価償却資産を中古資産の取得として，中古資産の見積耐用年数を用いることができます（耐令３①)。

この場合において，合併法人の減価償却資産（旧定額法又は定額法等により償却費の計算を行う場合に限る）の取得価額は，被合併法人の合併直前の帳簿価額を用いることになります（耐令３③)。

2．非適格合併の場合

非適格合併の場合，(1)受取配当等の益金不算入及び(2)所得税額控除の計算については，合併法人は合併時に株式等を新たに取得したものとして取り扱うため，適格合併の場合のような調整はありません。

また，合併法人の非適格合併により移転を受けた減価償却資産については，合併時に新たに減価償却資産を取得したものとして取り扱います。

Q3-28 合併後の中間申告の取扱い

合併後の中間申告（予定申告）の取扱いについて教えてください。

（ポイント）

- 適格合併により新設された法人は，事業年度が６カ月を超える場合には，原則として中間申告を行う必要がある。
- 吸収合併（適格合併）の場合には，合併法人の前年度実績に基づく金額に，被合併法人の確定法人税額に基づく金額を加算して中間納付額を計算する必要がある。
- 非適格合併の場合には，被合併法人の実績を考慮する必要がない。
- 消費税の中間申告は，適格合併・非適格合併にかかわらず，被合併法人の確定消費税額に基づく金額を加算して，中間申告の回数・納付額を計算する必要がある。

A

１．適格合併の場合（法人税）

(1)　新設合併

適格合併により新設された合併法人は，その事業年度が６カ月を超える場合には，その事業年度開始の日以後６カ月を経過した日から２カ月以内に，中間申告書を提出しなければなりません。通常の新設法人の場合には，設立後最初の事業年度は中間申告を行う必要がありませんが，適格合併により設立された合併法人は，以下の算式により計算した金額の合計額が中間申告（予定申告）の納付額となります（法人税法71③）。

$$\text{被合併法人の確定法人税額} \times \frac{6}{\text{確定法人税額の基礎となった事業年度の月数}}$$

⑵　吸収合併

前事業年度中又は当該事業年度開始の日から６カ月の期間内に吸収合併（適格合併）を行った合併法人が，前年度実績による中間申告を行う場合には，以下の区分に応じて中間納付額を計算します（法人税法71②）。

①　合併法人の前事業年度中に合併があった場合

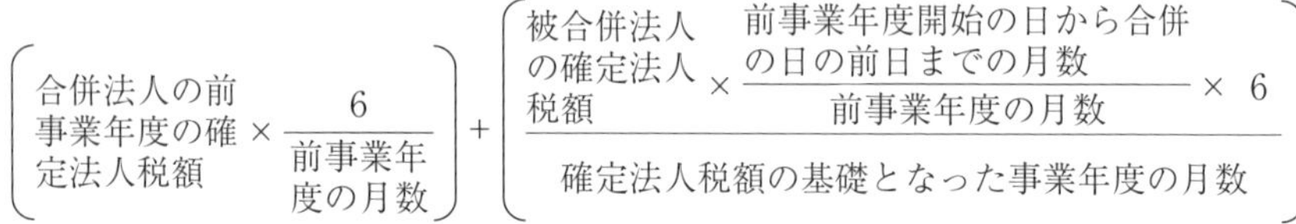

$$\left(\text{合併法人の前事業年度の確定法人税額}\times\frac{6}{\text{前事業年度の月数}}\right)+\left(\frac{\text{被合併法人の確定法人税額}\times\frac{\text{前事業年度開始の日から合併の日の前日までの月数}}{\text{前事業年度の月数}}\times 6}{\text{確定法人税額の基礎となった事業年度の月数}}\right)$$

②　合併法人のその事業年度開始の日から同日以後６カ月を経過した日の前日までの期間内に合併があった場合

$$\left(\text{合併法人の前事業年度の確定法人税額}\times\frac{6}{\text{前事業年度の月数}}\right)+\left(\text{被合併法人の確定法人税額}\times\frac{\text{合併後の期間の月数}}{\text{確定法人税額の基礎となった事業年度の月数}}\right)$$

算式中の被合併法人の確定法人税額は，合併法人の事業年度開始の日の１年前の日以後に終了した被合併法人の各事業年度（６カ月未満を除きます。）の法人税額で合併法人のその事業年度開始の日以後６カ月を経過した日の前日までに確定したもののうち最も新しい事業年度に係るものをいいます。

上記金額が10万円以下の場合又は確定法人税額がない場合には中間申告は不要となります。

2．非適格合併の場合（法人税）

非適格合併が行われた場合には，合併法人は被合併法人の前事業年度に係る法人税額を考慮する必要はなく，通常の事業年度と同様に合併法人の前年度実績に基づき中間申告を行うか，仮決算により中間申告を行うことになります。

したがって，新設の非適格合併の場合には，設立後最初の事業年度においては中間申告を行う必要がありません。

３．地方税の場合の留意点

適格合併の場合には，法人税と同様に，被合併法人の確定税額に基づく金額を加算して前年度実績に基づく中間納付額を計算します。なお，合併法人又は被合併法人が２以上の都道府県又は市町村において事務所等を有するものであるときは，これらの法人の確定税額は，関係都道府県又は市町村ごとの確定税額となります（地方税法施行令8の6④，48の10）。

４．消費税

消費税の中間申告は，適格合併・非適格合併にかかわらず，合併法人の直前の課税期間の確定消費税額に基づく中間申告税額に，被合併法人の確定消費税額に基づく中間申告税額を加算して，中間申告の回数および納付額を計算する必要があります。

（例）　６月ごとの中間申告

①　当該課税期間の直前の課税期間に合併があった場合

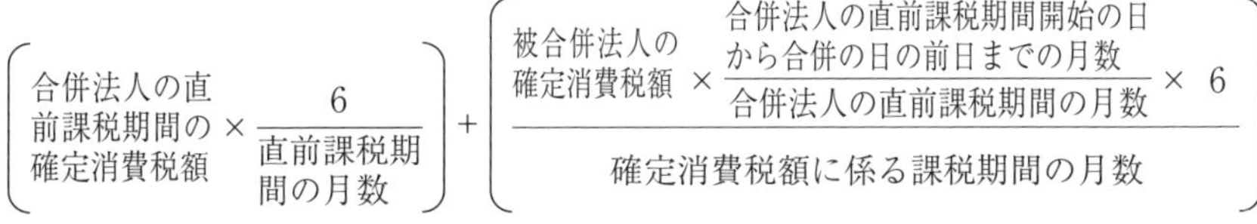

② 当該課税期間の開始の日から「6月中間申告対象期間」の末日までの期間内に合併があった場合

$$\left(\text{合併法人の直前課税期間の確定消費税額} \times \frac{6}{\text{直前課税期間の月数}}\right) + \left(\text{被合併法人の確定消費税額} \times \frac{\text{合併の日から「6月中間申告対象期間」の末日までの月数}}{\text{確定消費税額に係る課税期間の月数}}\right)$$

3月ごとの中間申告，1月ごとの中間申告も上記と同様に被合併法人の確定消費税額に基づく中間申告税額を加算して計算します。

【参考】

直前の課税期間の確定消費税額	中間申告の回数
4,800万円超	年11回
400万円超4,800万円以下	年3回
48万円超400万円以下	年1回
48万円以下	不要

Q3-29 税務上の届出

合併に係る税務上の届出について教えてください。

ポイント

合併をした場合には，法人税のみならず，各税目にわたり種々の届出が必要である。

A

1．法人税

法人税関係の届出のうち，主なものは，以下のとおりとなります。なお，下記以外にも，減価償却資産を取得した場合の「減価償却資産の償却方法の届出」等があります。

	提出期限	吸収合併		新設合併	
		存続会社	消滅会社	新設会社	消滅会社
設立届出	設立登記の日から２月以内			○（注）	
異動届出	遅滞なく	○	○		○
青色申告承認申請	次の日のうち，いずれか早い日の前日 ⑴設立の日から３月経過日 ⑵当該事業年度終了日			○	

（注）以下の書類を添付する必要があります。
① 定款
② 設立した会社の登記事項証明書
③ 株主名簿
④ 設立趣意書
⑤ 設立時における貸借対照表
⑥ 合併契約書の写し

2．消費税

消費税関係の届出のうち，主なものは以下のとおりとなります。

	提出期限	吸収合併	新設合併
課税事業者届出書	速やかに	○ （注１）	○ （注１）
消費税の新設法人に該当する旨の届出	速やかに		○ （注２）
消費税異動届出	遅滞なく	○	
合併による法人の消滅届出書	速やかに	○	○
・課税事業者選択届出 ・簡易課税制度選択届出 ・課税期間特例選択変更届出	新設合併のあった日の属する課税期間中		○ （注３）

（注１） 合併後に納税義務が生ずる場合に限ります。なお，「相続・合併・分割等があったことにより課税事業者となる場合の付表」を添付する必要があります。

（注２） 法人設立届出に新設法人に該当する旨を記載した場合には提出する必要はありません。

（注３） 合併のあった課税期間又は翌課税期間のいずれかから適用されます。

3．源泉所得税

源泉所得税関係の届出は以下のとおりとなります。

	提出期限	吸収合併	新設合併
給与支払事務所等の開設・移転・廃止届出	開設，移転又は廃止の事実があった日から１月以内	○ （注）	○ （注）

（注） 給与支払事務所等の開設・廃止を行った場合に必要となります。

４．地方税

地方税関係の届出のうち，主なものは以下のとおりとなります。

	提出期限	吸収合併	新設合併
設立届出	各地方自治体による		○
異動届出		○	○
給与支払報告・特別徴収に係る給与所得者異動届出		○（注）	○（注）
特別徴収義務者の所在地・名称変更届出書		○（注）	○（注）

（注）　各地方自治体により取扱いが異なりますのでご留意ください。

〈編著者〉

税理士法人　山田＆パートナーズ

編著者紹介参照。

〈執筆者〉（五十音順）

市川　祐介（税理士）

加藤　喬也（税理士）

金　　寛昇（税理士）

楠美　智弘（税理士）

久野　聖矢

河野　優星（税理士）

下川　由紀子（税理士）

貞岡　賢二

中橋　知治（税理士）

西村　卓哉（税理士）

間瀬　靖大（税理士）

宮島　寛明（税理士）

宮地　佑佳（税理士）

〈編著者紹介〉

税理士法人　山田＆パートナーズ

〈業務概要〉

法人対応，資産税対応で幅広いコンサルティングメニューを揃え，大型・複雑案件に多くの実績がある。法人対応では企業経営・財務戦略の提案に限らず，M&Aや企業組織再編アドバイザリーに強みを発揮する。

また，個人の相続や事業承継対応も主軸業務の一つ，相続申告やその関連業務など一手に請け負う。このほか医療機関向けコンサルティング，国際税務コンサルティング，公益法人設立コンサルティング等の業務にも専担部署が対応する。

〈所在地〉

【東京事務所】〒100-0005　東京都千代田区丸の内1-8-1
丸の内トラストタワーN館８階（受付９階）
電話：03（6212）1660
【札幌事務所】〒060-0001　北海道札幌市中央区北一条西4-2-2　札幌ノースプラザ８階
【盛岡事務所】〒020-0045　岩手県盛岡市盛岡駅西通2-9-1　マリオス19階
【仙台事務所】〒980-0021　宮城県仙台市青葉区中央1-2-3　仙台マークワン11階
【北関東事務所】〒330-0854　埼玉県さいたま市大宮区桜木町1-7-5　ソニックシティビル15階
【横浜事務所】〒220-0004　神奈川県横浜市西区北幸1-4-1　横浜天理ビル４階
【新潟事務所】〒951-8068　新潟県新潟市中央区上大川前通七番町1230-7　ストークビル鏡橋10階
【金沢事務所】〒920-0856　石川県金沢市昭和町16-1　ヴィサージュ９階
【静岡事務所】〒420-0853　静岡県静岡市葵区追手町1-6　日本生命静岡ビル５階
【名古屋事務所】〒450-6641　愛知県名古屋市中村区名駅1-1-3　JRゲートタワー41階
【京都事務所】〒600-8009　京都府京都市下京区四条通室町東入函谷鉾町101番地
アーバンネット四条烏丸ビル５階
【大阪事務所】〒541-0044　大阪府大阪市中央区伏見町4-1-1
明治安田生命大阪御堂筋ビル12階
【神戸事務所】〒650-0001　兵庫県神戸市中央区加納町4-2-1　神戸三宮阪急ビル14階
【広島事務所】〒732-0057　広島県広島市東区二葉の里3-5-7　GRANODE広島6階
【高松事務所】〒760-0017　香川県高松市番町1-6-1　高松NKビル14階
【松山事務所】〒790-0005　愛媛県松山市花園町3-21　朝日生命松山南堀端ビル6階
【福岡事務所】〒812-0011　福岡県福岡市博多区博多駅前1-13-1　九勧承天寺通りビル5階
【南九州事務所】〒860-0047　熊本県熊本市西区春日3-15-60　JR熊本白川ビル5階

〈海外拠点〉

シンガポール共和国（山田＆パートナーズシンガポール株式会社）
中華人民共和国（山田＆パートナーズコンサルティング（上海）有限公司）
ベトナム社会主義共和国（山田＆パートナーズベトナム有限会社）
アメリカ合衆国（山田＆パートナーズUSA株式会社）

初めてでも分かる・使える

合併の実務ハンドブック（第３版）

2013年９月１日　第１版第１刷発行
2016年７月25日　第１版第９刷発行
2017年９月１日　第２版第１刷発行
2021年３月25日　第２版第10刷発行
2021年10月１日　第３版第１刷発行
2024年９月30日　第３版第８刷発行

編著者　税理士法人 山田&パートナーズ
発行者　山本継
発行所　㈱中央経済社
発売元　㈱中央経済グループパブリッシング
〒101-0051　東京都千代田区神田神保町1-35
電話　03（3293）3371（編集代表）
03（3293）3381（営業代表）
https://www.chuokeizai.co.jp
印刷・製本／文唱堂印刷㈱

ISBN978-4-502-40181-7　C3034